RECONCILIAÇÃO

órgão editorial
ASSOCIAÇÃO MÉDICO-ESPÍRITA DE MINAS GERAIS

infinda

CATANDUVA, SP | 2024

RECONCILIAÇÃO

ANDREI MOREIRA

CONSIGO MESMO
COM A FAMÍLIA
COM DEUS

DEDIC

ATÓRIA

AO MEU querido pai, Geraldo Dácio, e à minha querida mãe, Maria Madalena, por serem fontes abundantes pelas quais vertem toda a força e todo o amor de uma grande multidão. Por serem abençoados e fecundos terrenos que me apresentam a Deus, o território ao qual busco me reconectar, através deles. A eles que admiro tanto, minha gratidão e amor eternos.

GRATIDÃO

AOS QUE amo muito, Nei Nicolato, Grazielle Serpa, Gilson Guimarães e Rejane Hostettler, dentre tantos outros que têm me encantado com carinho, afeto e partilha enquanto buscamos, juntos, o mesmo alvo.

Ao Dr. Gilson Freire, que ensina homeopatia com tanto brilhantismo e me apresentou a James Tyler Kent e a Mazi Elizalde.

Aos queridos Décio e Wilma Oliveira, fundadores e professores do Instituto Bert Hellinger Brasil Central, que me apresentaram e que ensinam, com tanta sensibilidade, competência e fidelidade, as descobertas e percepções de Bert Hellinger, além das suas próprias, na encantadora arte da aplicação prática da constelação familiar.

Aos queridos Roberto Lúcio Vieira de Souza e Jaider Rodrigues de Souza, por me acolherem e testemunharem o Evangelho e o Espiritismo cristão nos esforços de reconexão com o Pai, e por me ensinarem tanto.

Ao Dr. Bezerra de Menezes e ao Dr. Dias da Cruz, pela infindável paciência, proteção e orientação nos caminhos da reconciliação com o Pai.

Aos mentores da Associação Médico-Espírita de Minas Gerais (AMEMG) por nos nortearem sempre para o essencial e por nos permitirem campo abençoado de estudo e serviço.

A todos eles, minha profunda reverência e gratidão.

SUMÁRIO

PREFÁCIO • Grazielle Serpa   – 18 –
APRESENTAÇÃO • Um curativo para a alma   – 21 –
INTRODUÇÃO • O filho pródigo: *o arquétipo da desconexão e da reconexão com o Criador*   – 24 –

I PARTE • A desconexão

> *"Dá-me a parte dos bens que me pertence (...) e desperdiçou os seus bens, vivendo dissolutamente".*
> Lucas, 15:12-13

1 • O conceito do homem na visão espírita: *visão panorâmica do processo evolutivo*   – 41 –
2 • A doença original humana na visão espírita: *a desconexão criatura-Criador*   – 48 –
3 • *Psora* primária: *a doença original segundo a homeopatia - origem e manifestações – visões hahnemaniana, kentiana e elizadiana*   – 61 –

II PARTE • Os sintomas da desconexão criatura-Criador

> "Pai, pequei contra o céu e perante ti, e já não sou digno de ser chamado teu filho".
> Lucas, 15:18-19

4 • Posturas defensivas perante o sofrimento essencial — 83 —

5 • Sintomas da queda ou da desconexão com o Criador — 90 —

6 • Transtorno de pânico e fobias: *sintomas da insuficiência* — 106 —

7 • Depressão: *um chamado da alma para a reconexão* — 128 —

III PARTE • A reconexão criatura-Criador

> "Trazei depressa a melhor roupa; e vesti-lho, e ponde-lhe um anel na mão, e alparcas nos pés (...) Porque este meu filho estava morto, e reviveu, tinha-se perdido, e foi achado. E começaram a alegrar-se".
> Lucas, 15:22-24

8 • Autoamor: *reconciliação com o divino em si* – 143 –
9 • Reconciliação com o próximo: *caminho para a paz* – 169 –
10 • Honrai vosso pai e vossa mãe: *caminho de encontro com Deus* – 190 –
11 • Humildade: *conexão com o real* – 229 –
12 • O verdadeiro templo, o coração, e a verdadeira adoração – em Espírito e verdade – 236 –
13 • A caridade: *amor em ação, medicamento universal* – 243 –
14 • **CONCLUSÃO** • A cura real: *"Eu e o Pai somos um"* – 256 –

O filho pródigo, por Rembrandt

PREFÁCIO
GRAZIELLE SERPA[1]

Querido Leitor,

É chegado o tempo em que o chamado toca fundo aos nossos corações para o autoencontro.

Este é um convite para um profundo, encantador e revelador mergulho na intimidade do ser. Aqui não há uma cartilha, nem um roteiro específico, mas uma direção e um direcionamento capazes de despertar potenciais antes adormecidos, novos posicionamentos da alma que soam como verdadeiros recursos para que você encontre a grandeza e a beleza de ser exatamente quem você é, no aqui e no agora, com tudo e com todos que representa.

É chegado o momento! É tempo de luz em sua alma!

É tempo de despertar para o amor que cura e ordena.

Sinta-se à vontade para percorrer e desvendar os "labirintos" da alma. Guiado(a) pelas portas do seu coração, conectado(a) com a essência e com o essencial, coloque-se a caminho com os "pés descalços"; sinta a terra fértil da sua vida, o solo que tudo nutre e sustenta. Permita-se sentir o despertar do divino que habita a intimidade do seu ser. Conecte-se com o verdadeiro poder que está em Deus e venha desfrutar da abundância e se alegrar com a vida.

---

[1] Psicóloga clínica, com especialização em Hipnoterapia Ericksoniana e treinamento em constelação familiar. Conselheira e Diretora-tesoureira da Associação Médico-Espírita de Minas Gerais.

Em cada página você encontrará uma inspiração, uma reflexão, um espaço de templo de adoração, de louvor e exercício de gratidão ao simples, ao profundo e ao eterno.

Coragem, amigo(a)!

Venha usufruir dos encantos que o trabalho de reconciliação nos proporciona! Mais adiante, no jardim da sua alma, em um lugar lindo, florido e seguro, o Pai aguarda por ti!

APRESENTAÇÃO
UM CURATIVO PARA A ALMA

Esta obra nasce de um esforço humilde de lançar um olhar para a doença original do homem, a desconexão criatura-Criador, e para a medicação, o amor proposto pelo Evangelho, a serviço da reconquista da saúde maior: a reconciliação com a fonte.

Nela é apresentada uma proposta singela de integração da filosofia homeopática de Samuel Hahnemann, James Tyler Kent e Mazi Elizalde aos conceitos do Evangelho e do Espiritismo de Allan Kardec, Emmanuel, André Luis, Bezerra de Menezes, Joseph Gleber, Joanna de Ângelis, Carlos e Dias da Cruz, e à constelação familiar de Bert Hellinger. O fio condutor dessa união foi a constatação de que todas elas, em áreas do saber distinto – Medicina, Filosofia, Psicologia e religião –, e com a sua linguagem particular, falam da mesma realidade da desconexão com a fonte e com o Criador, descrevendo seus sintomas, seus efeitos e propondo um movimento de reconexão ao coração, ao essencial, no nível da alma.

Quando um conhecimento vem de distintas fontes, na mesma direção, ele nos permite ter um entendimento mais amplo das verdades da vida.

Percorremos, nestas páginas, uma interpretação do arquétipo do filho pródigo em seu movimento de apartamento da casa do pai, esbanjamento de sua herança, miséria moral e espiritual e o consequente movimento de arrependimento, coragem e ação, no retorno à casa paterna, aos braços do Pai.

Com isso, pretendemos olhar para o que atua em nossas almas e em nossas vidas, a serviço da reconciliação com nós mesmos, com o próximo, com a família — e muito particularmente com nossos pais — e, consequentemente, com o próprio Deus.

O Evangelho afirma com propriedade: "Vós sois deuses", afirmando a natureza luminosa da criatura que nos compete reconhecer e despertar. Jesus, o arquétipo da integração criatura-Criador, permanece como o grande referencial e modelo o qual procuramos seguir não como quem adora uma personalidade, mas como aquele a quem amamos, buscando servi-lo.

Se sentes em sua alma o desejo de paz e aconchego, se buscas um espaço de paz e silêncio em teu dia e lê essas reflexões com o coração, mais que com o intelecto, deixa que elas te levem a um espaço sagrado, dentro de ti, onde "arde o fogo da vida que aquece e nutre"[2], a fim de te abasteceres do essencial, e medita em que ponto do caminho você se encontra. Todos nos irmanamos na rebeldia, na humanidade e no desejo de aconchego e paz. Não somos ainda o que gostaríamos, nas conquistas do Espírito, mas também não mais toleramos os efeitos do distanciamento da fonte sagrada da vida.

Aqui, oferecemos a você um curativo para a alma enquanto analisas a falta e a insuficiência, efeito do distanciamento da essência, ou enquanto buscas percorrer o caminho de retorno à casa do Pai, no enfrentamento corajoso de seu destino, a fim de que fortaleças em ti a esperança e o otimismo na direção do alvo.

O que nos move e encanta é a certeza do amor incondicional de Deus que, sem julgamento, crítica ou repreensão, nos ama desde o

---

[2] Expressão do médico espiritual Dias da Cruz, psicografia de Andrei Moreira, referindo-se à essência luminosa do ser humano, o self, no livro *Autoamor e outras potências da alma* (Ame Editora).

princípio, conduzindo-nos ao Seu seio com o desvelo de um pai carinhoso que aguarda seu filho para a festa da plenitude na comunhão e na partilha.

Sentindo, pois, esse Deus de infinito amor, medita nas exclusões que te separam de ti mesmo e da vida, abrindo um espaço de inclusão e amor livre em seu coração que te levem ao êxito e à paz.

INTRODUÇÃO
O FILHO PRÓDIGO: *o arquétipo da desconexão e da reconexão com o Criador*

"E disse: Um certo homem tinha dois filhos e o mais moço deles disse ao pai: Pai, dá-me a parte dos bens que me pertence. E ele repartiu por eles a fazenda. E, poucos dias depois, o filho mais novo, ajuntando tudo, partiu para uma terra longínqua, e ali desperdiçou os seus bens, vivendo dissolutamente. E, havendo ele gastado tudo, houve naquela terra uma grande fome, e começou a padecer necessidades. E foi, e chegou-se a um dos cidadãos daquela terra, o qual o mandou para os seus campos, a apascentar porcos. E desejava encher o seu estômago com as bolotas que os porcos comiam, e ninguém lhe dava nada. E, tornando em si, disse: Quantos jornaleiros de meu pai têm abundância de pão, e eu aqui pereço de fome! Levantar-me-ei, e irei ter com meu pai, e dir-lhe-ei: Pai, pequei contra o céu e perante ti; já não sou digno de ser chamado teu filho; faze-me como um dos teus jornaleiros. E, levantando-se, foi para seu pai; e, quando ainda estava longe, viu-o seu pai, e se moveu de íntima compaixão e, correndo, lançou-se-lhe ao pescoço e o beijou. E o filho lhe disse: Pai, pequei contra o céu e perante ti, e já não sou digno de ser chamado teu filho. Mas o pai disse aos seus servos: Trazei depressa a melhor roupa; e vesti-lho, e ponde-lhe um anel na mão, e alparcas nos pés; e trazei o bezerro cevado, e matai-o; e comamos, e alegremo-nos; porque este meu filho estava morto, e reviveu, tinha-se perdido, e foi achado. E começaram a alegrar-se. E o seu filho mais velho estava no campo; e quando veio, e chegou perto de casa, ouviu a música e as danças. E, chamando um dos servos, perguntou-lhe que era aquilo. E ele lhe disse: Veio teu irmão; e teu pai matou o bezerro cevado, porque o recebeu são e salvo. Mas ele se indignou, e não queria entrar. E saindo o pai, instava com ele. Mas, respondendo ele, disse ao pai: Eis que te sirvo há tantos anos, sem nunca transgredir o teu mandamento, e nunca me deste um cabrito para alegrar-me com os meus amigos. Vindo, porém, este teu filho, que desperdiçou os teus bens com as meretrizes, mataste-lhe o bezerro cevado. E ele lhe disse: Filho, tu sempre estás comigo, e todas as minhas coisas são tuas; mas era justo alegrarmo-nos e folgarmos, porque este teu irmão estava morto, e reviveu; e tinha-se perdido, e achou-se."

(Lucas, 15:11-32).

O **filho pródigo é uma** das mais belas metáforas e símbolo arquetípico ofertados por Jesus no Evangelho. Nessa parábola está representado, de forma simples, um movimento muito profundo de desconexão da criatura com o Criador – a grande doença – e o retorno à integração com o Pai – a cura.

Tudo se inicia na rebeldia, que se manifesta na exigência. O filho, certamente cansado de viver sob cuidados do pai, exige a parte que lhe cabe na herança a fim de usufruir da vida. Há, desde aí, a consciência do filho de que sem o pai ele não é nada, pois em vez de sair de casa para conquistar o que deseja e construir a sua vida, ele requisita parte do que considera o seu direito diante das propriedades e posses de seu genitor. No entanto, essa consciência está adoecida e ele deseja excluir o pai de sua vida.

Joanna de Ângelis, comentando essa passagem, considera:

> "Na parábola de Jesus, o ego do jovem filho é perverso e ingrato. Ao solicitar a herança que diz pertencer-lhe, inconscientemente deseja a morte do pai, que seria o fenômeno legal para conseguir a posse dos bens sem qualquer problema. Mascara o conflito sob a justificativa inapropriada de querer desfrutar a juventude, em considerando que mesmo na idade provecta, o genitor não morria."[3]

O filho dessa história – assim como tantos na vida – confundiu herança com direito. É certo que os estatutos legais do mundo defendem o direito dos filhos legítimos ou assumidos seguirem na posse daquilo que os pais conquistaram. No entanto, no plano da alma, herança não é direito, é presente. É algo que os pais dão ao

---

• 3 •   Divaldo Franco e Joanna de Ângelis, *Em busca da verdade*, p. 33.

filho se e como desejarem, na sequência dos cuidados e da atenção que dispensaram desde o berço. Quando o filho recebe a herança como presente, a recebe com respeito e reverência, e não se permite abusar do que lhe foi dado. Por outro lado, aquele que exige se crê superior e no direito de usar aquilo que outros conquistaram.

Do mesmo modo, no plano do Espírito cada ser herda do Pai os gérmens de virtude e força para a vida, que o levarão fatalmente ao desenvolvimento pleno das potências da alma, no tempo. Mergulhando periodicamente na encarnação, vive o choque das diferenças e o estímulo das conquistas de acordo com cada época, cultura e sociedade. Em todo tempo recebe uma imensidão de recursos do Criador como divinas concessões, tais como posses, inteligência, oportunidades, afetos, instruções. E, então, no uso e usufruto do livre-arbítrio, tem a opção de honrar para o bem e para a coletividade tudo que foi ofertado, promovendo o progresso em si e ao seu redor, ou desonrar as divinas oportunidades, no abuso egoísta e egocêntrico que o distancia do progresso.

Aquele filho, iludido pela imaturidade ou pela rebeldia, "desperdiçou todos os bens, vivendo dissolutamente". Semeou livremente e colheu naturalmente o que plantou, brotou e produziu, conforme a semente. E por desperdiçar os recursos, viu-se só e pobre, sem condições de sustentar a si mesmo e de manter-se íntegro na vida. Foi, então, apascentar porcos e comer de sua comida.

Assim comenta Joanna de Ângelis sobre a saída do filho de casa:

> "Logo depois, viajando para um país longínquo procura arrancar as raízes existenciais, as marcas, destruir a origem desagradável, permanecendo na ignorância de si mesmo, fugindo para o Eden onde parecia

feliz. (...) Deixando-se exaurir pelas ambições e prazeres, o leviano é surpreendido, posteriormente, pela solidão – a miséria econômica, a fuga dos comparsas que o exploraram, portanto, os excessos que agora o deixam desgastado – logo associada à culpa que o exproba, impondo-lhe reflexão, portanto, o retorno à segurança do lar que abandonou."[4]

Eis a representação da desconexão criatura-Criador e seus efeitos. Quando o Espírito, em sua rebeldia, aparta-se do cuidado do Pai, pela não aceitação de sua paternidade, desejando bastar-se a si mesmo, desconecta-se da fonte de abundância e infinitude que é o próprio Deus e vive a miséria decorrente do egocentrismo. Desconectado, tem que bastar a si mesmo e se fecha no egoísmo que o isola da sociedade e da família. E encontra a falência pessoal.

No entanto, a lei divina é ordenada e ordenadora, produz a ordem e conduz (ou reconduz) à ordem, em qualquer circunstância. Quando o Espírito se aparta do Pai e tenta burlar a lei, ele vive, naturalmente, o efeito da falta, da ausência do alimento afetivo e espiritual que lhe nutre o coração, a mente e a inspiração, encontrando a miséria moral e espiritual.

Os porcos representam o elemento animal, instintual, presente no homem em sua parte sombria. Quando o Espírito se fecha às captações de natureza superior daqueles que representam Deus para si – os Espíritos guias e familiares –, ele passa a ativar sua natureza animal e a viver dela, com grande limitação e insatisfação. Mas, esse estado não é autossustentável na economia espiritual. Chega sempre um instante de saturação para o Espírito que cansa da

---

[4] *Ibidem.*

rebeldia e dos esforços inúteis de bastar-se a si mesmo, desconectado da fonte suprema. Então, ele se lembra do Pai.

Infelizmente, parece ser muito comum que esse instante seja mediado pelas bênçãos da dor expiacional, construída pelo ser como consequência natural de sua desconexão com a lei. Quando o filho se encontra no fundo do poço, na escravidão de sua animalidade e seus efeitos, lembra-se do Pai e dói, em seu coração, estar apartado. A dor lentamente sensibiliza, transforma, modifica, qual o buril redentor que visita a pedra, lapidando-a e dando o toque, extraindo de sua brutalidade a perfeição da forma e da expressão quando o homem se abre para permitir que o sofrimento cumpra seu papel educativo, sem a revolta e o queixume ineficazes que só o fazem recomeçar a obra de burilamento pessoal em condições ainda mais difíceis.

Então, inicia-se o regresso. Não basta a dor para aproximar o homem de Deus. Ela não é propósito, é instrumento. Não é finalidade, é recurso pedagógico. Só o amor tem poder verdadeiramente transformador e reparativo.

Ao se lembrar da casa do Pai, lembra do Seu amor. Recorda a dignidade dos assalariados, os que trabalhavam em jornadas, e da abundância em que viviam enquanto cumpriam seus deveres. Então, ele se arrepende.

O arrependimento é o primeiro passo para o início da jornada de regresso, momento em que o ser acolhe em si a responsabilidade pela vida e percebe que construiu a realidade infeliz que recolhe dela, e que de si depende, igualmente, refazer o caminho de retorno à casa do Pai. Estabelece-se, então, o movimento religioso na alma, de religação. Ele ainda se encontra apartado, no entanto, já vislumbra a necessidade e o movimento necessários para sair da miséria moral e espiritual e retornar à abundância e à alegria de viver.

Então, ele se levanta e recobra a dignidade da postura ereta na vida, a conduta reta que o levará de volta ao Pai. Vislumbra a estrada por onde desceu, desgastando a herança exigida, e percebe o lixo deixado ao longo do caminho. Vê ao alto a casa paterna e o Pai que lhe olha com dignidade e respeito, e isso o move, enchendo-o de força. Mas, é imperativo que suba o caminho anteriormente desrespeitado, dignificando-o. Caminha, agora, recolhendo o lixo deixado no solo, registro de sua imprevidência e rebeldia, e assume as consequências de seus atos e decisões. O olhar, no entanto, está no Pai, na promessa, no porvir de abundância.

No látego das provas rudes, ouve a voz do divino Mestre consolando-lhe o coração: "Bem-aventurados os aflitos, porque serão consolados". Com isso, reúne forças para seguir no rumo do alvo, ao encontro do amor.

É interessante observar que essa postura digna do filho representa o movimento de saúde se estabelecendo na alma. Ele abandona a exigência para seguir na responsabilização pelos seus atos.

Comenta Emmanuel:

> "Quando o filho pródigo deliberou tornar aos braços paternos, resolveu intimamente levantar-se. Sair da cova escura da ociosidade para o campo da ação regeneradora. Erguer-se do chão frio da inércia para o calor do movimento reconstrutivo. Elevar-se do vale da indecisão para a montanha do serviço edificante. Fugir à treva e penetrar a luz. Ausentar-se da posição negativa e absorver-se na reestruturação dos próprios ideais. Levantou-se e partiu no rumo do lar paterno. Quantos de nós, porém, filhos pródigos da vida, depois de estragarmos as mais valiosas oportunidades, clamamos

pela assistência do Senhor, de acordo com os nossos desejos menos dignos, para que sejam satisfeitos? Quantos de nós descemos, voluntariamente, ao abismo, e, lá dentro, atolados na sombria corrente de nossas paixões, exigimos que o Todo-Misericordioso se faça presente, ao nosso lado, por intermédio de seus divinos mensageiros, a fim de que os nossos caprichos sejam atendidos? Se é verdade, no entanto, que nos achamos empenhados em nosso soerguimento, coloquemo-nos de pé e retiremo--nos da retaguarda que desejamos abandonar. Aperfeiçoamento pede esforço. Panorama dos cimos pede ascensão. Se aspiramos ao clima da Vida superior, adiantemo-nos para a frente, caminhando com os padrões de Jesus. "Levantar-me-ei" – disse o moço da parábola. "Levantemo-nos" – repitamos nós."[5]

Quando o filho dá os passos iniciais necessários, ainda longe do destino, a misericórdia divina o visita e a compaixão traça um roteiro de bênçãos que não o exonera da responsabilidade de seus atos, mas que alimenta sua alma de força e vigor para a caminhada. O pai corre ao seu encontro. As bênçãos do alto visitam a criatura, sustentando-a no propósito curativo, o movimento de retorno à comunhão com o Pai.

Do Pai, só misericórdia e compaixão. Nenhuma crítica, julgamento moral ou punição. Somente um amor abundante que ultrapassa os limites da compreensão humana, habituada a projetar em Deus as suas características humanas falíveis e imperfeitas.

Ensinam os Espíritos codificadores:

"Chegados ao grau supremo da perfeição, os Espíritos que andaram pelo caminho do mal têm, aos olhos de Deus, menos mérito do que os outros? Deus olha

---

· 5 ·   Francisco Cândido Xavier e Espírito Emmanuel, *Fonte viva*, cap. 13.

de igual maneira para os que se transviaram e para os outros e a todos ama com o mesmo coração. Aqueles são chamados maus, porque sucumbiram. Antes, não eram mais que simples Espíritos."[6]

O amor do Pai pelas suas criaturas é incondicional. Ensina-nos o benfeitor espiritual Dias da Cruz que:

"Quando Deus olha para a criatura não vê uma obra imperfeita, mas uma obra perfeita em execução. E sabe que obra Sua não falha. Então, ele ama no broto imaturo o fruto maduro do amanhã. E ama cada fase e cada etapa de seu desenvolvimento, sem nenhuma exigência."[7]

Ensina-nos Emmanuel:

"Fixa-te no ensinamento do Cristo, enunciando o retorno do filho pródigo. O reencontro não se deu em casa, com remoques e humilhações para o moço em desvalimento. Assinalando-o, no caminho de volta 'e, quando ainda estava longe, o pai, ao vê-lo, moveu-se de íntima compaixão e, correndo, lançou-se-lhe ao pescoço e o beijou'. O pai não esperou que o filho se penitenciasse de rojo, não exigiu escusas, não solicitou justificativas e nem impôs condições de qualquer natureza para estender-lhe os braços; apenas aguardou que o filho se levantasse e lhe desejasse o calor do coração."[8]

- [6] Allan Kardec, *O livro dos Espíritos*, questão 126.
- [7] Andrei Moreira e Espírito Dias da Cruz, *Pílulas de confiança*, p.101.
- [8] Francisco Cândido Xavier e Espírito Emmanuel, *Revista Reformador*, jul. 1961, p. 148.

E o filho, regenerado e redimido, se atira, então, nos braços do pai, envergonhado e feliz por estar de volta. É dia de festa porque "aquele que estava morto reviveu e o que estava perdido se encontrou".

Essa é a destinação de todo ser humano. Cada ser pode eleger o roteiro, mas não pode escolher o destino, que já está pré-fixado pelo Criador: a integração plena no Seu amor.

A rebeldia é experiência passageira que ainda que permaneça ativa por muitas encarnações, cede sempre espaço para a humildade e a obediência à medida que o Espírito se dá conta de que entregar-se a Deus não é limitar-se nem negar-se, mas expandir-se e ampliar-se, infinitamente.

É importante destacar que, após o retorno do filho apartado, a parábola nos revela outra realidade de rebeldia e desconexão: o filho avarento que se queixa e reclama para si os direitos exclusivos de usufruto das bênçãos e da herança do pai.

Comenta Emmanuel:

> "O ensinamento velado do Mestre demonstra dois extremos da ingratidão filial. Um reside no esbanjamento; o outro, na avareza. São as duas extremidades que fecham o círculo da incompreensão humana."[9]

Muitos religiosos formalistas do mundo permanecem como o filho avarento, requisitando para si e para os seus a posse da verdade e da compreensão integral da lei, a promessa e a herança futura. Apregoam a fraternidade e semeiam a discórdia; afirmam a

---

[9] Francisco Cândido Xavier e Espírito Emmanuel, *Pão nosso*, cap. 157.

paternidade divina, mas negam a irmandade universal, separando homens e mulheres por raça, credo, cor, etnias, características sexuais e opiniões políticas.

Prossegue o benfeitor Emmanuel:

> "Observando a generosidade paterna, os sentimentos inferiores que o animam sobem à tona e ei-lo na demonstração de sovinice. Contraria-o a vibração de amor reinante no ambiente doméstico; alega, como autêntico preguiçoso, os anos de serviço em família; invoca, na posição de crente vaidoso, a suposta observância da Lei divina e desrespeita o genitor, incapaz de partilhar-lhe o justo contentamento. Esse tipo de homem egoísta é muito vulgar nos quadros da vida. Ante o bem-estar e a alegria dos outros, revolta-se e sofre, por meio da secura que o aniquila e do ciúme que o envenena. Lendo a parábola com atenção, ignoramos qual dos filhos é o mais infortunado, se o pródigo, se o egoísta, mas atrevemo-nos a crer na imensa infelicidade do segundo, porque o primeiro já possuía a bênção do remorso em seu favor."[10]

O Deus apresentado pelo Espiritismo, na revivescência do cristianismo, é um Deus apolítico, atemporal, sem personalismos e sem interesses, que ama incondicionalmente a todas as criaturas, respeitando-lhes os estágios evolutivos nesse ou naquele setor religioso ou social, pois sabe que todos, sendo divinos, gravitam para a mesma finalidade: a integração no Seu amor no tempo.

O Evangelho de Jesus representa o enunciado lúcido e sábio das leis naturais que fazem o Espírito entrar na posse da abundância e da riqueza universal. Trata-se de um código religioso que

---

[10] *Ibidem.*

remete o homem ao encontro de Deus em si, na religião da adoração real, em espírito e verdade.

O Cristo, representante de Deus para o homem da Terra, trouxe ao mundo a expressão da sua realidade luminosa imortal, afirmando que o homem é "luz do mundo", "sal da Terra", não porque tenha luz própria, mas porque é parte da luz maior. Ele é nascido de um sopro do amor de Deus e traz em si a potência de Sua presença, destinado a brilhar a luz do amor singular do Pai em si, que o realiza e plenifica, honrando a fonte de todo amor, toda bondade e toda justiça.

O PODER ESTÁ EM DEUS

Afastado do Criador, a criatura é solidão; nEle é solidariedade.

Apartada, é negação e abandono; nEle é comunhão e plenitude.

Distanciado da Fonte, o Espírito mergulha no egoísmo; nEla mergulhado, vibra na caridade.

Longe do Pai, o nada; nEle, a força do todo, em tudo.

Desconectado da fé, o Espírito vive a insegurança, o medo e a falta. Sustentado na fé, vive a amplidão e o encantamento das infinitas possibilidades.

Conectado a Deus, desaparecem o vazio, a falta e o desamparo.

No Pai tudo é síntese, força e sabedoria que conduz a espaços de inspiração, enlevo e ternura.

Abre, pois, teu coração, para o acesso ao essencial, reconhecendo que o poder está em Deus. Sintonizado com Ele, deixa fluir a intuição sábia que conduzir-te-á ao cumprimento dos deveres com dedicação às soluções criativas e inesperadas que te serão inspiradas ao despertar da Fonte, que é vida em ti.

No entanto, lembra-te que Deus em ti é força renovadora que se expressa por atos genuínos de amor e paz. A adoração ao Pai acima de todas as coisas transcende os cultos ritualísticos, a forma simbólica e estereotipada, configurando-se em uma comunhão plena de espontaneidade, de sentido e de significado, de espiritualidade e de fé.

NEle a fonte; em ti a realização.

NEle a sabedoria; em ti a execução.

NEle a ordenança; em ti a obediência.

NEle a vontade; em ti a fidelidade.

Em Deus sois tudo; apartado dEle, nada."[11]

---

[11] Andrei Moreira e Espírito Dias da Cruz, *Pílulas de confiança*, p. 60.

PARTE I

A DESCONEXÃO

> "*Dá-me a parte dos bens que me pertence (...) e desperdiçou os seus bens, vivendo dissolutamente.*"
> Lucas, 15:12-13

1
O CONCEITO DO HOMEM NA VISÃO ESPÍRITA: VISÃO PANORÂMICA DO PROCESSO EVOLUTIVO

"Gravitar para a unidade divina, eis o fim da Humanidade."

Paulo de Tarso[12]

O ser humano é um ser divino em sua origem, propósito e destinação.

Nasce de um sopro de amor do Criador, como um projeto definido que, pouco a pouco, revela-se no tempo. Esse projeto é o da cocriação, que se executa paulatinamente à medida que o princípio inteligente, o Espírito, identifica-se com a inteligência suprema, no despertar de suas potencialidades anímicas que traduzem a marca do Pai em si.

Cada ser executa um trajeto particular de vida, sendo-lhe facultado eleger caminhos, mas não o destino. O destino maior já está traçado desde sempre: a integração no amor fecundo e infinito do Pai. Qual um rio, cada ser nasce pequenino das fontes profundas do Criador e constrói seus meandros particulares no trajeto evolutivo. No entanto, chega sempre ao mar do amor divino, mais dia, menos dia.

Como criação, traz em si a herança da fonte que lhe deu origem em forma totipotente, qual semente que abriga em seu seio a natureza da fonte que lhe deu origem, capaz de conduzi-la a ser fonte também. Nasce em Deus e evolui para a síntese, em Deus[13]. Afirma Paulo de Tarso: "nEle vivemos, e nos movemos, e existimos..." (Atos, 17:28). Cabe ao Espírito,

---

- 12 · Allan Kardec, *O livro dos Espíritos*, questão 1009.
- 13 · O Espírito Dias da Cruz sintetiza esse processo afirmando que o Espírito "naturalmente caminha da contração [em Deus] para a expansão [em Deus] no

no entanto, o desenvolvimento do intelecto, na aquisição de elementos que o conduzam à compreensão das leis divinas e ao despertar dos sentimentos nobres, na apreensão vivificada da lei maior, desenvolvendo em si os gérmens de virtudes ou potencialidades das quais o Pai lhe dotou.

Ensina Emmanuel que:

> "O homem deve viver a sua existência, no mundo, sabendo que pertence ao Céu, por sua sagrada origem, sendo indispensável, desse modo, que se desmaterialize, a todos os instantes, para que se desenvolva em amor e sabedoria, na sagrada exteriorização da virtude celeste, cujos gérmens lhe dormitam no coração."[14]

Esse caminho de despertar multimilenar do ser através das encarnações sucessivas conduz o homem, por meio de exercícios de tentativa e erro, em recomeços contínuos, à aquisição do sentimento de valor, pertencimento e poder real, o do afeto[15]. Ele semeia livremente e colhe responsavelmente, sempre mergulhado no amor infinito do Criador.

---

desenvolvimento da inconsciência para a plenitude". *Autoamor e outras potências da alma*, p. 240 (psicografia de Andrei Moreira, Ame Editora).

[14] Francisco Cândido Xavier e Espírito Emmanuel, *O consolador*, pergunta 310.

[15] Allan Kardec, A gênese, cap. III, item 10: "O Espírito tem por destino a vida espiritual, porém, nas primeiras fases da sua existência corpórea, somente as exigências materiais lhe cumpre satisfazer e, para tal, o exercício das paixões constitui uma necessidade para o efeito da conservação da espécie e dos indivíduos, materialmente falando. Mas, uma vez saído desse período, outras necessidades se lhe apresentam, a princípio semimorais e semimateriais, depois exclusivamente morais. É então que o Espírito exerce domínio sobre a matéria, sacode-lhe o jugo, avança pela senda providencial que se lhe acha traçada e se aproxima do seu destino final".

A sua destinação é o amor: o culto harmonioso do belo e do bem. No entanto, qual criança conduzida pela tutela de um adulto maduro, o Espírito segue sua trajetória amadurecendo suas percepções de si mesmo e da vida, consoante a realidade que lhe é possível a cada passo, ou seja, de acordo com sua capacidade de percepção e apreensão, acrescida de sua vontade e esforço para dilatá-las.

O bem, sendo lei do universo, é convite contínuo. Naturalmente, em sua percepção infantil, nega-o inúmeras vezes, sofrendo o efeito dessa negação até que reconheça a ordem que vige no universo e que constitui a expressão do Pai em cada parte.

O BEM E O MAL

O mal se apresenta como a negação do bem e como sua ausência. Não tem existência real[16]. No entanto, como movimento e expressão de alienação, pode ser a momentânea eleição do Espírito imaturo em caminho de aprendizado e descoberta de sua real natureza. Envolvido na ilusão que a matéria lhe apresenta e na força da cultura, que representa estágios de percepção da realidade de uma determinada coletividade,

---

[16] *Ibidem*, item 8: "Pode dizer-se que o mal é a ausência do bem, como o frio é a ausência do calor. Assim como o frio não é um fluido especial, também o mal não é atributo distinto; um é o negativo do outro. Onde não existe o bem, forçosamente existe o mal. Não praticar o mal já é um princípio do bem. Deus somente quer o bem; só do homem procede o mal. Se na criação houvesse um ser preposto ao mal, ninguém o poderia evitar; mas, tendo o homem a causa do mal em SI MESMO, tendo simultaneamente o livre-arbítrio e por guia as leis divinas, evitá-lo-á sempre que o queira".

com suas conquistas e desafios, o Espírito vive a experiência sempre contínua da busca de sentido e de significado para sua existência.

Como criatura, traz em si a consciência da realidade de Deus como fonte suprema, causa primária de todas as coisas. Não pode negá-Lo no mais profundo, pois sabe-se nascida de Seu amor e de Sua vontade, como expressão dEle mesmo. Contudo, envolvida na ilusão do conhecimento relativo, pode opor-Lhe resistência, negando Sua realidade ou Suas leis[17]. Na maior parte das vezes, a criatura renega os conceitos de Deus apresentados pela religiosidade de sua época e cultura, sobretudo quando essa religiosidade se apresenta dogmática e impositiva, em culto ao poder e ao controle social em vez de conduzir o homem à fonte, como deveria.

Ensina Emmanuel que:

> "O determinismo divino se constitui de uma só lei, que é a do amor para a comunidade universal. Todavia, confiando em si mesmo, mais do que em Deus, o homem transforma a sua fragilidade em foco de ações contrárias a essa mesma lei, efetuando, desse modo, uma intervenção indébita na harmonia divina. Eis o mal. Urge recompor os elos sagrados dessa harmonia sublime. Eis o resgate. Vede, pois, que o mal, essencialmente considerado, não pode existir para Deus, em virtude de representar um desvio do homem, sendo zero na sabedoria e na providência divinas. O Criador é sempre o Pai generoso e sábio, justo e amigo, considerando os filhos transviados como incursos em vastas experiências."[18]

- [17] Allan Kardec, *O livro dos Espíritos*, questão 960: "*Donde se origina a crença, com que deparamos entre todos os povos, na existência de penas e recompensas porvindouras?* É sempre a mesma coisa: pressentimento da realidade, trazido ao homem pelo Espírito nele encarnado. Porque, sabei-o bem, não é debalde que uma voz interior vos fala".
- [18] Francisco Cândido Xavier e Espírito Emmanuel, *O consolador*, pergunta 135.

Quando machucada por si mesmo e por sua imprevidência, a criatura acusa a divindade de desamor e abandono, vivendo a negação, fato que estudaremos adiante. Dela provém a base para o desenvolvimento de movimentos regenerativos e corretivos, que visam trazer o ser para a consciência do amor e de sua destinação como filho de Deus.

O mal, enquanto movimento da alma, leva o Espírito à culpabilidade, que é franca quando originada da consciência do mal, ou indireta quando efeito sem intenção e, em seus diversos graus, sempre representa um desvio do rumo traçado, como bem afirmou Paulo de Tarso:

> "Quem é, com efeito, o culpado? É aquele que, por um desvio, por um falso movimento da alma, se afasta do objetivo da criação, que consiste no culto harmonioso do belo, do bem, idealizados pelo arquétipo humano, pelo Homem-Deus, por Jesus-Cristo."[19]

O mal, enquanto falso movimento, naturalmente produz efeitos e gera, por sua vez, um movimento de reequilíbrio do ser diante da lei divina, que é ordenada e ordenadora. Nela estão contidos os movimentos de estabelecimento e sustentação do universo na expressão do belo e do bem. Sempre que algum ato fere essa ordem, aciona o movimento de reordenação imediato, ainda que imperceptível. Complementa Paulo de Tarso: "Que é o castigo? A consequência natural, derivada desse falso movimento; uma certa soma de dores necessárias a desgostá-lo da sua deformidade, pela experimentação do sofrimento."[20]

- [19] Allan Kardec, *O livro dos Espíritos* questão 1009.
- [20] *Ibidem.*

As dores necessárias são aquelas que conduzem o homem ao despertar da sensibilidade, da consciência de suas necessidades reais e de suas potencialidades. Não são expressão de um Deus caprichoso, cheio de emoções humanas, mas o efeito natural de movimentos de negação da ordem e dos princípios gerais aos quais todos devem obedecer e seguir, tão bem explanados nos evangelhos de Jesus[21]. As lições de vida ofertadas pelo Cristo e seus ensinos não são a expressão de uma religiosidade dogmática à qual o homem deve seguir. Representam a divina esperança e a destinação humana, pois são o enunciado das leis maiores do Pai, a representar guia e farol para a humanidade em trevas de negação e desconhecimento de sua realidade divina.

> "Para o homem, Jesus constitui o tipo da perfeição moral a que a Humanidade pode aspirar na Terra. Deus no-lo oferece como o mais perfeito modelo e a doutrina que ensinou é a expressão mais pura da lei do Senhor, porque, sendo ele o mais puro de quantos têm aparecido na Terra, o Espírito Divino o animava."[22]

Seguir os princípios morais apresentados pelo Evangelho conduz o homem à sua divina destinação. Conclui o apóstolo Paulo: "Gravitar para a unidade divina, eis o fim da Humanidade." Ensina Emmanuel: "Reconhecendo a nossa origem na Fonte de Todas as Perfeições, é natural que podemos e precisamos realizar em torno de nós as obras perfeitas a que estamos destinados por nossa própria natureza."[23]

- [21] *Ibidem*, questão 625: "*Qual o tipo mais perfeito que Deus tem oferecido ao homem, para lhe servir de guia e modelo?* Vede Jesus".
- [22] *Ibidem*, questão 625. Comentário de Allan Kardec.
- [23] Francisco Cândido Xavier e Espírito Emmanuel, *O Espírito da verdade*, cap. 44.

2
A DOENÇA ORIGINAL HUMANA NA VISÃO ESPÍRITA: A DESCONEXÃO CRIATURA-CRIADOR

> "E ordenou o Senhor Deus ao homem, dizendo: *De toda a árvore do jardim comerás livremente. Mas da árvore do conhecimento do bem e do mal, dela não comerás; porque no dia em que dela comeres, certamente morrerás.*"
>
> (Gênesis, 2:16-17)

O **Espírito caminha da simplicidade** e da ignorância para a angelitude, percorrendo uma trajetória particular de progresso intelectual e moral. Em sua origem, é criado imagem e semelhança do Pai, como força inteligente totipotente, e desenvolve-se paulatinamente ao longo dos milênios. Inicialmente tutelado pelo Criador, estagia como princípio espiritual nos reinos inferiores da natureza até alcançar o reino hominal, onde, Espírito individualizado, desperta a inteligência e a gradativa consciência de si. É, então, que tem a possibilidade de ter acesso à "árvore do conhecimento do bem e do mal", através do uso de seu livre-arbítrio.

> "Alcançando, no entanto, a razão, por atestado de madureza própria, o Espírito é chamado ao livre-arbítrio, por filho do Criador que atingiu a maioridade na Criação. Chegado a essa fase, ilumina-se pela chama interior do discernimento, para a aquisição das experiências que lhe cabe realizar, de modo a erguer seus méritos, podendo, em verdade, escolher o caminho reto ou o sinuoso, claro ou escuro, em que mais se apraza."[24]

---

[24] Idem, *Revista Reformador*, set. 1962, p. 194.

O texto sagrado nos oferta uma imagem da "queda do homem — a desconexão criatura-Criador", simbolizada em Adão e Eva e sua relação com o Senhor. Habitando um paraíso idílico, sem consciência e sem nomeação, o ser criado se vê desafiado a igualar-se ao Criador por meio da tentação da serpente, que lhe apresenta a fonte do "bem e do mal". O homem, então, ambicionando ser mais do que estava destinado a ser, come do fruto proibido que lhe é dado por Eva, perdendo a posse do paraíso e sendo condenado pelo Pai que a tudo assistia, silencioso, a "comer do pão com o suor de seu rosto", enquanto a mulher era condenada a "parir com dor". E ambos foram expulsos do jardim do Éden.

Essa metáfora narrada no livro de Gênesis encerra uma série de símbolos arquetípicos relacionados à criação e ao processo evolutivo humano que nos compete analisar.

Ensina-nos *O livro dos Espíritos* que o Espírito, desde o instante primeiro da razão, progride utilizando-se de seu livre-arbítrio, tendo responsabilidades inerentes à consciência do ato e ao grau de intenção. Todos os Espíritos progridem a partir da simplicidade e da ignorância, e embora nem todos elejam o mal como experiência necessária, todos trilham a senda de aquisição de conhecimento e sentimento.

Em *O livro dos Espíritos* encontramos as seguintes passagens:

> "115. *Dos Espíritos, uns terão sido criados bons e outros maus?* Deus criou todos os Espíritos simples e ignorantes, isto é, sem saber. A cada um deu determinada missão, com o fim de esclarecê-los e de os fazer chegar progressivamente à perfeição, pelo conhecimento da verdade, para aproximá-los de si. Nesta perfeição é que eles encontram a pura e eterna felicidade. Passando pelas provas que Deus lhes impõe é que os Espíritos adquirem

aquele conhecimento. Uns aceitam submissos essas provas e chegam mais depressa à meta que lhes foi assinada. Outros só a suportam murmurando e, pela falta em que desse modo incorrem, permanecem afastados da perfeição e da prometida felicidade."

"*262. Como pode o Espírito, que, em sua origem, é simples, ignorante e carecido de experiência, escolher uma existência com conhecimento de causa e ser responsável por essa escolha?* Deus lhe supre a inexperiência, traçando-lhe o caminho que deve seguir, como fazeis com a criancinha. Deixa-o, porém, pouco a pouco, à medida que o seu livre-arbítrio se desenvolve, senhor de proceder à escolha e só então é que muitas vezes lhe acontece extraviar-se, tomando o mau caminho, por desatender os conselhos dos bons Espíritos. A isso é que se pode chamar a queda do homem."

A queda do homem, pois, na visão dos Espíritos codificadores, é a rebeldia da criatura desviada de seu destino: o culto harmonioso do belo e do bem.

Esse extravio a que se refere o texto é iniciado no comportamento pessoal, mas logo se associa com aqueles que pensam e sentem de forma semelhante, fazendo com que as comunidades se ajustem na sintonia da submissão ou da postura rebelde diante das leis do Criador.

A ENCARNAÇÃO COMO LEI NATURAL

A desconexão com o Criador não é um ato isolado no tempo. Ela se manifesta repetidas vezes ao longo do processo evolutivo, à medida que o Espírito, no uso de seu livre-arbítrio, e em sua imaturidade, rebela-se, de maneira isolada ou continuamente, contra as leis que regem o processo evolutivo, tais como a lei de causa e efeito, de justiça, da sociedade, etc. A encarnação é lei natural que procede ao despertar das forças que dormitam no Espírito, qual potências da alma, que se configuram como divina herança.

São Luís, em *O Evangelho segundo o Espiritismo*, nos ensina:

> "25. *É um castigo a encarnação e somente os Espíritos culpados estão sujeitos a sofrê-la?* A passagem dos Espíritos pela vida corporal *é* necessária para que eles possam cumprir, por meio de uma ação material, os desígnios cuja execução Deus lhes confia. É-lhes necessária, a bem deles, visto que a atividade que são obrigados a exercer lhes auxilia o desenvolvimento da inteligência. Sendo soberanamente justo, Deus tem de distribuir tudo igualmente por todos os seus filhos; assim é que estabeleceu para todos o mesmo ponto de partida, a mesma aptidão, *as mesmas obrigações* a *cumprir e a mesma liberdade de proceder.* Qualquer privilégio seria uma preferência, uma injustiça. Mas, a encarnação, para todos os Espíritos, é apenas um estado transitório. E uma tarefa que Deus lhes impõe, quando iniciam a vida, como primeira experiência do uso que farão do livre-arbítrio. Os que desempenham com zelo essa tarefa transpõem rapidamente e menos penosamente os primeiros graus da iniciação e mais cedo gozam do fruto de seus labores. Os que, ao contrário, usam mal da liberdade que Deus lhes concede retardam a sua marcha e, tal seja a obstinação que demonstrem, podem prolongar indefinidamente a necessidade da reencarnação e é quando se torna um castigo. - *S. Luís* (Paris, 1859)".

A encarnação é experiência necessária transitória que pode ser prolongada de acordo com a postura rebelde do Espírito que, com isso, adia a alegria de viver nos altos planos da existência, em esferas sublimes, onde a experiência do afeto, da inteligência e do amor se ampliam consideravelmente, dada a sutileza dos corpos espirituais ou mesmo a ausência deles.

A liberdade dada pelo Criador ao homem não é uma liberdade plena. O livre-arbítrio tem seus limites na extensão do que lhe permite a lei divina. O homem só é verdadeiramente livre para o amor, em suas múltiplas expressões, ao longo do processo evolutivo. Sempre que se nega ao amor, ele aciona mecanismos naturais de retorno ao equilíbrio e à fonte. O amor é o oxigênio da alma e ainda que não o deseje, não pode viver sem ele. É o amor que dá sentido e significado à experiência humana.

Ensina Emmanuel que:

> "O Senhor estabeleceu as gradações do caminho, instituiu a lei do próprio esforço, na aquisição dos supremos valores da vida, e determinou que o homem lhe aceitasse os desígnios para ser verdadeiramente livre, mas a criatura preferiu atender à sua condição de inferioridade e organizou o cativeiro."[25]

Afirma *O livro dos Espíritos* que a lei divina está impressa na consciência de cada ser. O homem sempre prestará contas ao Criador, em si mesmo, de acordo com o que fizer da vida, pois a vida sempre lhe apresentará as cláusulas do contrato de liberdade-responsabilidade nas circunstâncias atraídas ou colhidas em suas existências. No entanto, Emmanuel nos lembra que: "Em geral, porém, ao homem comum esse contrato, entre o servo encarnado e o Senhor supremo, parece extremamente impreciso, e prossegue, experiência afora, de rebeldia em rebeldia."[26]

• 25 • Francisco Cândido Xavier e Espírito Emmanuel, *Pão nosso*, cap. 16.
• 26 • Idem, *Vinha de luz*, cap. 94.

Quando a rebeldia da alma rompe a conexão com a fonte profunda, o Deus imanente, cerrando as portas da percepção para sua realidade espiritual, o Espírito se sintoniza com o que é passageiro e ilusório no cativeiro da matéria, criando um espaço de susceptibilidade magnética e emocional que o conecta com a perturbação em todos os níveis.

> "Todos os sofrimentos dos homens, de modo geral, originam-se da pretensão de usurpar o Divino Poder. Orgulho, vaidade, insensatez, egoísmo, perversidade, rebeldia e opressão representam apenas modalidades variadas dessa usurpação indébita. A guerra e o seu séquito pestilencial, a tirania e o instinto revolucionário, as paixões arrasadoras e os desastres espirituais que lhes são conseqüentes, constituem-lhe as obras."[27]

Desde a mente e a emoção enferma que atraem para si as companhias que vibram na mesma sintonia, até as vibrações desconexas das ondas mentais e sentimentais que desestruturam o cosmo orgânico, tudo reflete a distonia do Espírito com a realidade magna da vida, o amor que a tudo equilibra e sustenta. Instala-se a depressão da alma, aniquilando a alegria de viver e abrindo as portas para as experiências regenerativas.

André Luiz nos ensina isso em *Evolução em dois mundos*:

> "(...) as depressões criadas em nós por nós mesmos, nos domínios do abuso de nossas forças, seja adulterando as trocas vitais do cosmo orgânico pela rendição ao desequilíbrio, seja estabelecendo perturbações em prejuízo dos outros, plasmam, nos tecidos fisiopsicossomáticos que nos

---

[27] *Idem, Revista Reformador*, maio 1944, p. 99.

constituem o veículo de expressão, determinados campos de ruptura na harmonia celular."[28]

No entanto, quando o ser vibra no amor, ressintonizando-se com o Pai no bem falar, bem pensar e bem viver — o culto harmonioso do belo e do bem —, reinstala-se o equilíbrio e a harmonia em todos os níveis. É ainda André Luiz quem ensina:

> "Quando o doente, porém, adota comportamento favorável a si mesmo, pela simpatia que instila no próximo, as forças físicas encontram sólido apoio nas radiações de solidariedade e reconhecimento que absorve de quantos lhe recolhem o auxílio direto ou indireto."

Não há como a criatura efetivamente apartar-se do Criador. Essa é a grande ilusão da vida. Criador e criatura se integram e interagem a todo momento nos caminhos da vida, seja isso consciente ou não para o Espírito, que aceita ou rejeita essa realidade consoante sua maturidade e percepção. Emmanuel considera que:

> "Em todos os lugares encontraremos a criatura associada ao Criador nas ocorrências da Criação. A Divina Providência e a Humana Cooperação surgem sempre juntas em todas as realizações da vida, isso porque de Deus vem a dádiva e do Homem dimana a aplicação."[29]

---

[28] Francisco Cândido Xavier e Espírito André Luiz, *Evolução em dois mundos*, cap. 40, p. 120.

[29] Francisco Cândido Xavier e Espírito Emmanuel, *Chico Xavier pede licença*, cap. 34.

A desconexão, fruto da rebeldia, gera uma distonia interior que permite o estabelecimento de vários desequilíbrios até que o Espírito retome a sintonia com o amor. É a doença original ou fundamental por detrás de todo processo de adoecimento. A distonia que se instala na rebeldia pode ser entendida como a perda do paraíso, a perda da conexão com a fonte, com a inspiração sábia, a perda da alegria de viver e da plenitude que decorre da sintonia com o amor, expressão magna do Pai.

Ensina o médico espiritual Joseph Gleber que: "a verdadeira doença manifesta-se na própria relação criatura-Criador, e na deturpação da visão da realidade, como consequência da rebeldia do Espírito."[30]

ADÃO E EVA: SÍMBOLOS ARQUETÍPICOS

Na interpretação do Espírito Emmanuel, em *O consolador*, Adão não simboliza um homem em particular, mas um conjunto de raças dos degredados de Capela[31], Espíritos renitentes na rebeldia que foram expatriados para a Terra, planeta de provas e expiações, por se oporem temporariamente, porém, de forma renitente, à política divina do amor e da paz.

> "Onde está Adão com a sua queda do paraíso? Debalde nossos olhos procuram, aflitos, essas figuras legendárias, com o propósito de localizá-las no

---

- [30] Alcione Reis Albuquerque, Roberto Lúcio Vieira de Souza e Espíritos diversos, *O homem sadio*, p. 89. Texto do médico espiritual Joseph Gleber.
- [31] Estrela da Constelação do Cocheiro.

Espaço e no Tempo. Compreendemos, afinal, que Adão e Eva constituem uma lembrança dos Espíritos degredados na paisagem obscura da Terra."[32]

Na Terra, quatro grandes povos surgiram: a raça Ária, a civilização do Egito, o povo de Israel e as castas da Índia, agrupados por semelhança linguística e de aquisição de conhecimentos. Quando os exilados de Capela para aqui migraram, já habitava a Terra o primata *hominis*, cujo corpo físico apresentava potencialidades muito inferiores ao dos capelinos. A reencarnação destes nesses corpos constituiu, para eles, provação e ao mesmo tempo desígnio divino para o auxílio à sua evolução e à evolução dos Espíritos primitivos aos quais deveriam educar e impulsionar o progresso. Comenta Emmanuel:

> "(...) que fazer com o trabalhador desatento que estraçalha no mal todos os instrumentos perfeitos que lhe são confiados? Seu direito, aos aparelhos mais preciosos, sofrerá solução de continuidade. A educação generosa e justa ordenará a localização de seus esforços em maquinaria imperfeita, até que saiba valorizar as preciosidades em mão."[33]

Podemos ver, ainda, em Adão e Eva, símbolos psicológicos humanos, dentro do processo evolutivo, que atestam nossas facetas intelectuais e sentimentais que apreendem a realidade da vida e as dificuldades diante da negação das potências da alma, a que chamamos *defeitos* ou *vícios morais*:

---

[32] Francisco Cândido Xavier e Espírito Emmanuel, *A caminho da luz*, p. 18.
[33] *Ibidem*.

"Em Eva vemos o retrato da ambição e da vaidade ao querer angariar poderes para si, fazer-se igual ao Criador. E em Adão temos a imprudência e o relaxamento da vontade, que transfere aos outros a responsabilidade do seu próprio agir. Assim, a rebeldia (ou a negação da verdade maior), a ambição e a vaidade, a imprudência e a irresponsabilidade caracterizam esse quadro, que culmina com a perda da felicidade e o "castigo" de ter que a reencontrar."[34]

Ensina o Espírito Homero Gomez:

"Esquematicamente, afirmaríamos que a criatura (Adão ou Eva) testada por desejos (matéria-serpente) dá-lhes maior valor, tentando negar o próprio papel da lei. A forma de retomá-la em nossa condição é através da renúncia na reprodução (que marca a fundação da família), e do trabalho (que define as estruturas sociais)."[35]

Segundo a psicóloga Olinta Fraga, da Associação Médico-Espírita de Minas Gerais:

"Adão pode ser entendido também como a maneira pela qual a nossa faceta racional faz uso do pensamento através do desenvolvimento do corpo mental, alcançado no reino hominal. Eva é entendida como o sentimento porque é o que dá vida em todo o entorno (Eva = *hava* = vida). E o Espírito, nas expressões Adão-Eva, pensamento e sentimento, segue pelos séculos adquirindo maturidade emocional através dos embates diários."[36]

- [34] Alcione Reis Albuquerque, Roberto Lúcio Vieira de Souza e Espíritos diversos, *O homem sadio*, p. 237.
- [35] *Ibidem*, p. 215. Texto de Homero Gomez.
- [36] *Ibidem*, p. 147. Texto de Olinta Fraga.

O pensamento, quando desconectado do sentimento nos caminhos da racionalização – processo psicológico que nega o sentimento –, pode ser tão alienante quanto a emocionalização que desconsidera a razão. Sentimento e pensamento caminham par a par a fim de que apreendamos as leis divinas. Saber a vida significa sentir o sabor da vida. A conquista vem da experiência e da integração eficaz entre essas duas instâncias da alma: o psiquismo e o sentimento. Vivenciando-as, o Espírito amadurece, nas trilhas das experimentações particulares, a compreensão da sabedoria divina que a tudo rege, até que com ela se identifica plenamente, no tempo.

Conclui Emmanuel:

> "O nosso pensamento cria a vida que procuramos, através do reflexo de nós mesmos, até que nos identifiquemos, um dia, no curso dos milênios, com a Sabedoria Infinita e com o Infinito Amor, que constituem o pensamento e a Vida de Nosso Pai."[37]

---

[37] Francisco Cândido Xavier e Espírito Emmanuel, *Pensamento e vida*, p. 3.

A expulsão de Adão e Eva, por Mariotto Albertinelli

3

PSORA PRIMÁRIA: A DOENÇA ORIGINAL SEGUNDO A HOMEOPATIA - ORIGEM E MANIFESTAÇÕES - VISÕES HAHNEMANIANA, KENTIANA E ELIZADIANA

> "Não se pode dissociar a Medicina da Teologia. O homem existe em todos os aspectos, do mais profundo ser espiritual até a sua natureza externa."
>
> James Tyler Kent (1926)

A verdade não é patrimônio de um pensamento filosófico. Ela se expressa em variados setores das ciências, das artes e das religiões, afirmando a natureza real do homem.

Encontramos no pensamento homeopático não só uma evolução do entendimento da saúde e do adoecimento, mas também da integração do Espírito e da matéria, dentro de uma visão metafísica da existência. Nele vamos encontrar o retrato da desconexão criatura-Criador a partir de uma análise da expressão do corpo como reflexo do Espírito ou ser racional, criatura divina, conforme afirmam os filósofos homeopatas teístas.

A HOMEOPATIA E O ADOECIMENTO HUMANO SEGUNDO HAHNEMANN

A homeopatia surge na Europa, no ano de 1790, com o trabalho do médico alemão Samuel Hahnemann, que era também farmacêutico e tradutor de obras científicas. Ao traduzir a obra de Cullen, Hahnemann se anima a experimentar em si mesmo o efeito da medicação utilizada na época para o tratamento da malária, e se dá conta de que aquele medicamento, no indivíduo são, era capaz de produzir os mesmos sintomas da doença que tratava. Dessa experimentação e do estudo continuado, Hahnemann deduziu o princípio básico da homeopatia, o princípio da similitude: "semelhante cura semelhante". A partir de então, inúmeras substâncias foram experimentadas (autopatogenesias) por diferentes grupos, sucessivamente ou independentemente, e descobertas em suas virtudes curativas. Assim, foram formadas as diversas matérias médicas ou os resumos das potencialidades curativas das medicações homeopáticas.

Hahnemann, após longos anos de aplicação da homeopatia, descobriu que as medicações podem agir no campo orgânico, sensorial, emocional e mental dos indivíduos, e, a partir da observação dos adoecimentos continuados daqueles os quais medicou durante anos, concluiu que existe no ser humano um terreno interno, primordial, no qual as doenças se estruturam e se definem e do qual são dependentes, o que chamou de *psora*. Essa seria a doença fundamental, profunda, que promoveria a suscetibilidade ao adoecimento manifestado pelo desequilíbrio da energia vital, natural no ser humano, que se traduz em sinais e sintomas físicos, psíquicos, bem como em sensações e sentimentos.

Hahnemann afirma:

> "As verdadeiras doenças crônicas naturais são aquelas provenientes de um miasma crônico; quando entregues à própria sorte, sem ser tratadas através de algum medicamento específico, continuam se intensificando e, mesmo diante do melhor regime físico e mental, atormentam o Homem até o fim de seus dias com padecimentos crescentes."[38]

> "A psora é a mais antiga, mais universal, mais destrutiva e (...) tem se tornado a mãe de todos os milhares de doenças incrivelmente variadas (agudas e) crônicas (não-venéreas)."[39]

Posteriormente, Hahnemann descreverá outros miasmas crônicos venéreos, como a sífilis e a sicose, na observação do que determinava as lesões hipotróficas e hipertróficas, respectivamente. Inicialmente, para ele, a *psora* é estritamente fisiopatológica e efeito de questões biológicas, como a sarna, enquanto a sicose é efeito da gonorreia e a sífilis, do luetismo. No entanto, depreende-se de seus escritos que o sábio médico alemão também associa os miasmas a efeitos do comportamento moral do ser humano:

> "Se a doença mental não estiver plenamente desenvolvida (...) para saber se realmente resultou de sofrimento do corpo ou se, antes, provém de falhas na educação, maus hábitos, moral corrupta, negligência mental..."[40]

- [38] Samuel Hahnemann, *Organon da arte de curar*, parágrafo 78.
- [39] Idem, *Doenças crônicas*, p. 40.
- [40] Samuel Hahnemann, *Organon da arte de curar*, parágrafo 224.

O adoecimento, segundo Hahnemann, se manifesta sempre de forma individualizada e particularizada, cabendo ao médico homeopata ser um profundo conhecedor da matéria médica e um arguto observador da expressão humana, para identificar a linguagem da experiência individual e traduzi-la em forma de conhecimento que viabilize a prescrição semelhante que, por sua vez, estimule o reequilíbrio da energia vital e a consequente cura.

Hahnemann reconhece a distinção entre o Espírito, ser racional, e o corpo físico, animado pela energia vital que obedece a *physis*, força inteligente e sábia da natureza. Para ele, a saúde objetiva permitir liberdade e livre expressão ao ser para que ele cumpra e atinja os altos fins da existência:

> "No estado de saúde do indivíduo reina, de modo absoluto, a força vital de tipo não material (Autocratie) que anima o corpo material (organismo) como "Dynamis", mantendo todas as suas partes em processo vital admiravelmente harmônico nas suas sensações e funções, de maneira que nosso Espírito racional que nele habita, possa servir-se livremente deste instrumento vivo e sadio para o mais elevado objetivo de nossa existência."[41]

Hahnemann era teísta e compreendia o Espírito racional como uma criação divina e os altos fins da existência como o cumprimento da vontade do Criador pela criatura, dentro de sua individualidade. Para ele, a criatura traz em si o Deus imanente:

> "O Deus bondoso que anima o Universo infinito, também vive em nós: nos deu a razão e uma faísca de santidade, que devemos manter acesa

---

[41] *Ibidem*, parágrafo 9.

através da vigilância de nossas ações, para que possa brilhar. É por isto que a razão pura pode, com inexorável severidade, manter subjugada nossa natureza animal, de modo que nossa existência aqui embaixo possa ser proveitosa. Para isto a Deidade nos deu força suficiente."[42]

"Sem dúvida, oh! Homem, quão nobre é tua origem, quão grande teu destino e quão elevado o objeto de tua vida! Não estás destinado a aproximar-te por meio de sensações que assegurem tua felicidade, de ações que exaltem tua dignidade de conhecimentos que abarquem o universo ao Grande Espírito que adora todos os habitantes de todos os sistemas solares?"[43]

No entanto, ainda que se refira frequentemente ao Criador em seus escritos, Hahnemann se concentrou no estudo do processo de adoecimento do ser e não na questão teológica, o que seria feito mais tarde por outros filósofos homeopatas. Mas, ele não deixa de prescrever aos seus enfermos mudanças de vida, higiene mental e orgânica, em uma proposta de reformulação do comportamento moral para a conquista da saúde integral, dentro de sua visão da época.

"Hahnemann tem como um de seus principais progressos em relação à medicina convencional da época, e até mesmo da atual, ter percebido a existência de uma unidade entre o modo reativo, de adoecimento no plano mental e no plano somático. Deste modo, enquanto não consegue desvencilhar-se do conceito de doença contagiosa, Hahnemann vê o caminho da moral como o mais elevado objetivo da vida, o que aproxima o homem ao Criador. Ao mesmo tempo em que critica o excesso de especulações filosóficas e metafísicas, assume uma postura teísta e conceitos espiritualistas, fundamentando, assim, não apenas uma medicina psicossomática anos

- [42] Haehl, *Samuel Hahnemann, sua vida e obra*.
- [43] Samuel Hahnemann, *Escritos menores*, texto "Esculápio na balança".

antes de Freud, mas a medicina da unidade que compõe o ser humano – espírito-corpo-mente."[44]

Há diversas correntes filosóficas dentro da homeopatia propondo a origem e a natureza dos miasmas crônicos e, particularmente, da *psora*. Uma delas, bastante conhecida e respeitada, representa as ideias e os postulados de James Tyler Kent, médico homeopata americano que viveu no século XIX.

A ETIOLOGIA DA *PSORA* SEGUNDO JAMES TYLER KENT

James Tyler Kent nasceu em Woodhull, estado de Nova York, nos Estados Unidos da América, em 1849, e se tornou destacado médico. A partir da cura da insônia de sua esposa com poucas doses de medicações homeopáticas, ele passou a estudar essa nova medicina e se tornou um dos mais célebres seguidores de Hahnemann.

A partir das experimentações de substâncias que ainda não haviam sido testadas pelo criador da homeopatia, e da reexperimentação de substâncias já conhecidas, ele estabeleceu uma matéria médica respeitável que passou a ser largamente estudada. Foi ele quem introduziu a utilização de altas potências. Além de um prático da homeopatia, Kent se tornou um filósofo dessa ciência. Inspirado

---

[44] Fabio Salgado Mangolini, *Estudo da doutrina homeopática segundo o pensamento de Alfonso Masi Elizalde*, p. 18.

por ideias espiritualistas, ele ampliou a visão de Hahnemann sobre a origem da doença, bem como seu tratamento, prognóstico e cura.

Hahnemann já havia sido responsável por um corte epistemológico na medicina, sugerindo uma nova forma de abordar a saúde e o adoecimento. Kent fará isso novamente, propondo teoricamente a aliança entre medicina e teologia.

Kent tem sua inspiração filosófica em Emmanuel Swedenborg, renomado político, cientista e teólogo sueco que viveu no século XVII e que, por suas ideias espiritualistas, baseadas na imortalidade da alma, é também considerado um dos precursores do Espiritismo.

Swedenborg propôs uma releitura da Bíblia a partir da percepção de um sentido interno ou oculto das letras sagradas, que a ele foi revelado por meio da intervenção divina direta (visões) ou através de prepostos do senhor a quem ele chamou de "anjo", durante cerca de 25 anos, em fenômeno mediúnico análogo ao da obtenção do conhecimento espírita vivido por Allan Kardec. Em suas ideias, Kent encontra a explicação para a *psora* e propõe uma releitura ampliada dos conceitos hahnemanianos e do ideal de cura.

Kent afirma, na introdução de sua obra: "Tudo o que aprendi se fundamenta em Hahnemann e em Swedenborg; os ensinamentos de um e de outro se correspondem perfeitamente."[45]

De acordo com o homeopata Gilson Freire:

> "Para Hahnemann, a doença [Psora] do homem provém do fato de ele ter se subtraído do papel de colaborador de Deus, e sua missão consiste em

---

[45] James Tyler Kent, *Filosofia homeopática*, introdução.

se arrepender do mal feito e de se reintegrar a Deus através da subordinação consciente e voluntária."[46]

Kent reafirma essa visão dizendo que a *psora* é a manifestação do "pecado original" e do consequente afastamento do Criador, simbolizado na expulsão do paraíso, como descrito no Velho Testamento. O entendimento do adoecimento humano, portanto, deve remontar às origens, àquilo que é eterno, segundo o filósofo americano:

> "A Psora é a origem de todas as enfermidades físicas. Se a Psora não tivesse, nunca, sido estabelecida sobre a raça humana, as outras duas doenças crônicas [sífilis e sicose] seriam impossíveis, e a suscetibilidade às doenças agudas seria impossível... A Psora é a causa básica, e é a desordem primitiva ou primária da raça humana... É de modo geral muito extensa, pois remonta ao mais primitivo erro da raça humana, a verdadeira primeira enfermidade da raça humana, que é a enfermidade espiritual, a partir da qual o primitivo estado da raça progrediu para o que pode ser chamada a verdadeira suscetibilidade à Psora..."[47]

Ainda de acordo com Kent, "O verdadeiro homem enfermo é anterior ao corpo enfermo e devemos concluir que o homem enfermo está em algum lugar daquela porção que não é deixada para trás"[48]. Nessa visão, a *psora* seria o miasma original que predisporia o ser ao adoecimento ao longo da vida. O ser eterno, imortal, é o foco de atenção, e seu corpo é apenas o resultado ou o espelho da realidade interior:

> "No governo do homem existe uma tríade que dá a direção, a saber: a primeira o cérebro, a segunda o cerebelo e a terceira a medula espinhal.

- 46 • Gilson Freire, artigo *Conceitos elizaldianos de saúde e doença*.
- 47 • James Tyler Kent, *Lições de filosofia homeopática*, lição 18.
- 48 • *Ibidem*, p. 26.

(...) Considerados mais internamente temos: 1) a vontade e o entendimento formando uma unidade, compondo o homem interior; 2) a força vital ou vice-regente da alma (isto é, o limbo ou substância da alma, a substância formativa) que é imaterial e, então, 3) o corpo que é material."[49]

Inspirado em Swedenborg[50], Kent afirma que a vontade e o entendimento, manifestações da alma, são os elementos que constituem o homem:

"A combinação destes dois, a vontade e o entendimento, constitui o homem; em conjunto promovem vida e atividade, constroem o corpo e causam todas as coisas do corpo. Com a vontade e o entendimento operando em ordem, temos o homem saudável."[51]

Essa dualidade, vontade e entendimento, diz respeito ao ser inteligente e ao ser moral que todo ser humano é, ou seja, à sua capacidade de refletir sobre si mesmo e sobre a vida, bem como suas decisões, pensamentos e atitudes na vida privada e em sociedade.

- [49] *Ibidem*, p. 53.
- [50] Swedenborg afirma, em *O mundo dos Espíritos*, que "O homem possui ENTENDIMENTO e VONTADE... Pelo ENTENDIMENTO, um homem pode pensar e perceber se alguma coisa é verdadeira e boa, enquanto pela VONTADE ele decide se crê na VERDADE e se fará o BEM ... Para que essa VONTADE possa ser corrigida e aprimorada, foi dada ao homem a compreensão da VERDADE e, a partir dela, a possibilidade de dominar as más inclinações... O ESPÍRITO está em comunicação íntima com a RESPIRAÇÃO e os BATIMENTOS CARDÍACOS. O PENSAMENTO está relacionado à RESPIRAÇÃO, e o SENTIMENTO ao CORAÇÃO. Os movimentos vitais, no todo e em parte, derivam da comunicação íntima do Espírito com a respiração e o coração."
- [51] James Tyler Kent, *Lições de filosofia homeopática*, p. 26.

Para Kent, a *psora* seria um estado de suscetibilidade anterior ao adoecimento, decorrente da queda original, em uma interpretação cristã, manifestando a doença da alma, e que seria ativada no corpo em decorrência da vida moral desconectada das leis divinas ou apartadas do amor manifestado no bem pensar, no bem falar e no bem agir:

> "Daqui se entende que este estado, o estado da mente humana e do corpo humano é um estado de suscetibilidade às enfermidades que provêm de desejar o mal, de pensar no que é falso e de fazer da vida uma herança contínua de coisas falsas e, assim, esta forma de enfermidade, Psora, não é senão a manifestação exterior do que é anterior no homem..." [52]

Ainda segundo Kent:

> "Se a raça humana tivesse permanecido num estado de ordem perfeita, a Psora não poderia ter existido (...). É de modo geral muito extensa, pois remonta ao mais primitivo erro da raça humana, que é a enfermidade espiritual..." [53]

Para Kent, os miasmas crônicos venéreos, sífilis e sicose, seriam dependentes do miasma original, a *psora*, decorrente da "queda do homem". O desequilíbrio da energia vital, manifestado em sintomas mentais, emocionais e físicos, seria um quadro superficial de um desequilíbrio mais profundo do ser moral, que cumpre curar. Para ele, o adoecimento provém do mal pensar, do mal falar

---

[52] *Ibidem*.
[53] *Ibidem*, p.181.

e do mal agir, que expressam o uso deturpado do entendimento (razão) e da vontade: "O homem por seu mau pensamento e desejo perverso entrou num estado no qual perdeu sua liberdade, sua ordem interna."[54]

O destino do homem seria, portanto, reconectar-se ao seu Criador, retornar à fonte. O papel do médico homeopata, segundo Kent, é conhecer a expressão da natureza do indivíduo da maneira mais completa possível, a fim de medicá-lo pela semelhança exata que o auxilie a restaurar a vontade e o entendimento (instâncias divinas) para a reconexão com a ordem, com a lei e com a expressão do Criador:

> "A principal tarefa do médico não é buscar pela causa da doença nos rios e celeiros e examinando a comida que comemos. Seu dever é procurar os sintomas da enfermidade até que seja encontrado um remédio que cubra a desordem. Aquele remédio, que produzirá no homem saudável sintomas similares, é o principal da situação, é o antídoto necessário, vencerá a enfermidade, restaurará a vontade e o entendimento, para ordenar e curar o paciente."[55]

> "O único dever do médico é curar o enfermo. Não é seu único dever curar os resultados da enfermidade, mas a enfermidade propriamente dita. Quando o homem em si tiver sido restituído à saúde, terá sido restaurada a harmonia nos tecidos e nas funções. Então, o único dever do médico é colocar em ordem o interior da economia, isto é, a vontade e o entendimento conjuntamente."[56]

---

[54] *Ibidem*, lição 19.
[55] *Ibidem*, p. 30.
[56] *Ibidem*, p. 27.

Outros filósofos homeopatas também expressaram pensamento similar, como o americano Allen[57] e o hindu Ghatak[58]. Mas, foi o argentino Mazi Elizalde quem desenvolveu as ideias de Kent, aprofundando a compreensão dos miasmas como expressão metafísica humana.

A ETIOLOGIA DA *PSORA* SEGUNDO MAZI ELIZALDE

Alfonso Masi Elizalde nasceu em 23 de outubro de 1932, na cidade de Buenos Aires, na Argentina, onde faleceu em 23 de julho de 2003. Ele estudou Medicina na Universidade de Buenos Aires. Em seu país, ocupou vários cargos de direção e de ensino na "Associação Médica Homeopática", da qual seu pai foi um dos fundadores. Devido a diferenças doutrinárias, se afastou daquela associação e criou a "Escola Médica Homeopática", na qual ocupou os mesmos cargos. Posteriormente, fundou o "Instituto de Altos Estudos Homeopáticos James Tyler Kent", do qual foi mestre e presidente honorário.

Ele estudou com Thomas Paschero que, por sua vez, estudou diretamente com um discípulo de Kent, mas rompeu com o colega devido a discordâncias na interpretação da homeopatia. Paschero enveredou pela linha psicanalítica enquanto Mazi Elizalde e outros

---

- [57] O professor e doutor Timothy Field Allen (24 de abril de 1837 - 5 de dezembro de 1902) foi um médico homeopata, ficólogo e botânico, notável por sua obra sobre homeopatia (sobretudo as matérias médicas), taxonomia de algas e estudo de espécies de importancia médica.
- [58] N. Ghatak, médico hindu criado na Inglaterra, autor de *Enfermedades cronicas, su causa y curación*.

companheiros optaram por uma interpretação metafísica, levando em conta a dimensão espiritual do homem.

Mazi propôs uma interpretação da *psora* de acordo com uma visão aristotélico-tomista:

> "Ao realizar uma revisão dos escritos de Hahnemann [Mazi] percebe haver certa analogia entre alguns conceitos do Mestre de Meissen e de São Tomás de Aquino, passando então a entender os princípios homeopáticos hahnemannianos à luz do tomismo. Partindo de uma finalidade transcendente do ser humano, acredita que ao desviar-se desse caminho tem início no Homem o processo de adoecimento, que vai transparecer através de alterações no nível vegetativo e sensitivo. É claro em São Tomás, assim como em Aristóteles, um posicionamento monista, ou seja, uma absoluta unidade dos planos hierárquicos do ser humano; do mesmo modo que Hahnemann, não concebem a perturbação de um plano hierárquico sem a participação dos demais. Sendo o Espírito o nível superior desta unidade, é em sua problemática que devemos buscar a origem da enfermidade."[59]

Para Mazi, assim como para Kent, a *psora* é decorrente da queda original do homem, interpretada por ele dentro da tradição católica. Mazi afirma que todo ser humano sente saudades do Pai e traz em si a marca da sua desconexão, atestada em sinais e sintomas que lhe desnudam a intimidade, expondo não só a queda, mas as defesas estabelecidas para lidar com as perdas decorrentes dela.

Ele sustenta a ideia de que todo homem gozava, na comunhão com Deus e em sua presença, de dons que ele chamou de *preternaturais*: imunidade, imortalidade, integridade, ciência infusa e certeza

---

[59] Fabio Salgado Mangolini, *Estudo da doutrina homeopática segundo o pensamento de Alfonso Masi Elizalde.*

da existência de Deus. Mas, na rebeldia de pretender os dons divinos ("a árvore do conhecimento do bem e do mal"), o Espírito faliu ao pretender usurpar o poder do Pai e ser maior que Ele.

Mazi vai dizer, então, que o homem traz em si a marca de sua egotrofia, o que constitui a sua *psora* primária.

> "Segundo a filosofia tomista, tudo que o homem não quis realizar da Lei Divina é o mesmo que constitui seu sofrimento e castigo. Para São Tomás, o aspecto da Lei que se recusou a obedecer é o que finalmente se transforma no sofrimento de cada um."[60]

Mazi, em uma análise criacionista católica, propõe que o rompimento do homem com o Criador se dá no momento da criação da alma, em uma visão de vida única. Para ele, naquele instante o homem receberia a herança adâmica e reproduziria o "pecado original", reafirmando-o, invejando um atributo do Criador e estabelecendo a *psora* primária, a base de todo processo de adoecimento.

Ele abole a distinção dos vários miasmas para dizer que tudo se resume à *psora* e seus desdobramentos reativos (etapas primária, secundária e terciária da *psora*). Mazi explica que no sofrimento psórico primário, o homem sofre a dor da queda, a angústia da imaginação da perda de seu valor transcendente. Na *psora* secundária, a angústia essencial, como um mecanismo de defesa, é projetada no meio e/ou no outro. Nesse momento, aparecem os medos, a insegurança, a inconstância e a variabilidade dos sintomas com tentativas de defesa e retrocessos. Na *psora* terciária, o ser adota atitudes claramente defensivas, de dois tipos: a egotrofia (franca

---

[60] *Ibidem*, p. 24.

ou mascarada), quando impõe-se sobre a causa do sofrimento através da afirmação de sua pseudograndeza e pseudopoder, ou a atitude destrutiva ou lítica, quando foge da causa do sofrimento, através da menos-valia.

Para Mazi:

> "(...) por trás de todas racionalizações com que o homem justifica sua maneira de viver deve-se ver a teatralização de seu passado edênico: psórico sofrerá e se lamentará pelos valores transcendentes perdidos, sifilítico se entregará desesperançado a seu castigo, ou irá infligi-lo ao meio, e sicótico repetirá seu pecado tentando obter sucesso para provar que jamais se equivocou."[61]

Essas conclusões são obtidas a partir da análise e da interpretação das autopatogenesias, quando indivíduos são ingerem as medicações homeopáticas e relatam os sintomas físicos, mentais e emocionais que elas causam, formando uma imagem da potência curativa daquela medicação que, posteriormente, será administrada a um enfermo que possuir, em sua totalidade sintomática, a mesma imagem daquela medicação, dentro da aplicabilidade dada pela lei dos semelhantes *similia similibus curantus*.

Como podemos ver, a imagem da desconexão criatura-Criador está bem presente não só no pensamento teológico, mas nas inferências que os filósofos homeopatas fazem a partir do que se mostra nas autopatogenesias das medicações homeopáticas. Cada filósofo interpretou os achados de acordo com seu pensamento religioso. Independente da interpretação, a realidade da desconexão criatura-Criador é manifesta e declarada como ponto pacífico. Importa-nos considerá-la à luz da reencarnação.

---

[61] *Atas do Instituto de Altos Estudos Homepáticos James Tyler Kent*, p. 1-115.

HOMEOPATIA E ESPIRITISMO

Tendo em vista o que foi colocado acima, propomos uma análise da desconexão, observada pelos filósofos homeopatas, que leva em consideração uma visão reencarnacionista, à luz dos conhecimentos espíritas. Essa desconexão não seria um elemento isolado no tempo, no instante da criação, mas surgiria por meio de movimentos reiterados, por vezes cíclicos, durante a evolução do ser espiritual em direção à fonte da qual se apartou, totipotente, em um vir a ser e para a qual deve retornar, pleno.

Essa análise nos leva ao entendimento das posturas reacionais ou defensivas do psiquismo e do sentimento diante de qualquer movimento de desconexão ou de agressão à ordem, que ativa os movimentos de reequilíbrio e reconexão.

O Espírito Emmanuel nos oferta uma visão da saúde "como a perfeita harmonia da alma"[62]. O Espírito Joseph Gleber nos oferece uma definição bastante ampla que atesta a integração metafísica espírito-matéria, a mesma afirmada pelos filósofos homeopatas: "A saúde é a realização real da conexão criatura-criador e a doença o contrário momentâneo de tal fato"[63]. O médico alemão também nos mostra o valor da filosofia homeopática dentro da Medicina: "Hoje, graças à evolução dos Espíritos, caminham alguns ramos da medicina terrena e, especialmente, a escola homeopática, para uma percepção unicista e universal do homem."[64]

- [62] Francisco Cândido Xavier e Espírito Emmanuel, *O consolador*, questão 95.
- [63] Alcione Reis Albuquerque, Roberto Lúcio Vieira de Souza e Espíritos diversos, *O homem sadio*, p. 89.
- [64] *Ibidem*, p. 88.

Ainda de acordo com Joseph Gleber:

> "A saúde é um objetivo maior do homem, a se confundir com a felicidade; existem estágios ou etapas de saúde que condizem com o processo evolutivo de cada um... a doença não é a perda da compreensão da verdade, é a rebeldia de não vivê-la ou de querer ignorá-la."[65]

Da interseção entre essas duas ciências, homeopatia e Espiritismo, surge uma visão do homem baseada na imortalidade da alma, oferecendo ao profissional uma compreensão ampliada do processo de saúde e adoecimento e um leque terapêutico abrangente para a cura do corpo e da alma.

Emmanuel, quando questionado sobre a extensão da ação da medicação homeopática, respondeu:

> "O medicamento homeopático atua energeticamente e não quimicamente, ou seja, sua ação terapêutica vai se dar no plano dinâmico ou energético do corpo humano, que se localiza no perispírito. A medicação estimula energeticamente o perispírito, que por ressonância vibratória equilibra as disfunções existentes, isto é, o remédio exerce duas funções enquanto atua. Por isso a homeopatia além de tratar doenças físicas, atua também no tratamento dos desequilíbrios emocionais e mentais, promovendo, então, o reequilíbrio físico-espiritual."[66]

- [65] *Ibidem*, p. 89.
- [66] Francisco Cândido Xavier e Espírito Emmanuel, *Pinga Fogo*, "Plantão de respostas".

Esse reequilíbrio físico-espiritual é, igualmente, um estímulo de natureza metafísica, para a reconexão com o Criador.

Compreendendo o homem sob a perspectiva da teologia cristã, como um ser divino que traz em si os gérmens das virtudes que o fazem à imagem e semelhança do Criador, o profissional poderá atuar educativa e pedagogicamente, auxiliando o doente a voltar a sua atenção para o que é real e eterno, para o que está dentro de si.

Assim, como terapeuta ou curador, o medicará homeopaticamente baseado em sua memória autopatogenésica e em conformidade com a lei de semelhança, mas também o auxiliará a estabelecer um regime de vida que o reconecte à ordem universal ou às leis divinas, por meio da moderação e do desenvolvimento da vontade e do entendimento, instâncias divinas presentes no ser, como afirma Kent.

Ao intervir na experiência do outro, o profissional terá, igualmente, a oportunidade de ser medicado em sua própria história, circunstâncias e doença interior, encontrando no serviço de auxílio ao próximo, com amorosidade, a perspectiva de reconexão com o Pai em si, permitindo que as virtudes desabrochem em sua intimidade.

Finalmente, consciente de que a saúde se expressa como um reencontro com Deus e que a *psora* representa a desconexão criatura-Criador, o profissional de saúde, sobretudo o homeopata, compreenderá que o Evangelho de Jesus, incentivando à vivência do amor, da fé, do perdão, da tolerância e da caridade, representa uma divina prescrição para a expressão do divino em si e para a conquista da saúde integral, a cura dos males do corpo e da alma.

PARTE AI

1

> "Pai, pequei contra o céu e perante ti, e já não sou digno de ser chamado teu filho"
> Lucas, 15:18-19

OS SINTOMAS
DA DESCONEXÃO CRIATURA-CRIADOR

4
POSTURAS DEFENSIVAS PERANTE O SOFRIMENTO ESSENCIAL (A DESCONEXÃO CRIATURA-CRIADOR)

> "O orgulho mais inacessível nasce principalmente de uma impotência."
> Paul Valéry

Apartado do Criador em qualquer etapa da jornada evolutiva, desde o despertar da razão e da consciência de si o Espírito sofre naturalmente as consequências dessa desconexão e estabelece posturas reativas para lidar com as perdas.

Mazi descreve a *psora*, o sofrimento imaginário do homem (pois que pretende ser mais que Deus em sua imaginação), se manifestando em etapas e defesas:

> "Há dois tipos básicos de defesa: impor-se sobre a causa do sofrimento (egotrofia) ou fugir da causa do sofrimento (atitude destrutiva ou vício lítico), lembrando que a pretensa causa de sofrimento é imaginária. Nesta etapa, as defesas são estruturadas de maneira automática, transformando-se em verdadeiros HÁBITOS automáticos: os VÍCIOS miasmáticos."[67]

Ele susbstitui os termos miasmáticos *sífilis* e *sicose* por *ególise* e *egotrofia*, e apresenta esses miasmas como fases reativas decorrentes da desconexão com o Criador. Cada uma dessas duas atitudes defensivas pode ter duas fases.

---

[67] Célia Regina Barollo, Flávia Risaliti e Silvia I. Waisse de Priven, *Uma contribuição à compreensão da teoria miasmática segundo Mazi Elizalde*, Grupo de Estudos Mazi Elizalde.

O movimento da *ególise* pode ser voltado para o ser ou para o outro. Quando voltado para si, o indivíduo se autodestrói, tanto nos comportamentos permissivos abusivos, que buscam um prazer ilusório que anestesie o sentimento de vazio e desvalor pessoal quanto na afirmação franca de seu desvalor e de sua insignificância, na exaltação de tudo aquilo que em si ainda não está acolhido, não está amado ou desenvolvido (defeitos, dificuldades e desejos que compõem parte da sua sombra), ou que não corresponde às suas idealizações construídas na falta de uma identidade segura e saudável. Quando voltado para o outro, temos a *alterlise*, em que a agressividade e a atitude destrutiva são voltadas para o outro ou para o meio. Essas duas fases podem se alternar ou até mesmo coexistir quando o indivíduo agride a si e ao outro simultaneamente.

Já o movimento da *egotrofia* se caracteriza por um pseudopoder que se dá por meio da exaltação de si mesmo por causa de falsos valores e conquistas. Ele acontece quando o indivíduo se afirma sobre o outro de forma a diminuir-lhe a expressão, o direito e o valor fundamental, com o objetivo de exaltar-se e engrandecer-se. Muitas vezes isso ocorre de forma franca ou dissimulada, como na maledicência, em que se desvaloriza algo ou alguém para se engrandecer, seja na forma de ver ou na forma de agir na vida. A egotrofia é franca quando a atitude de se impor abertamente ao meio é feita sem dissimulação, com afirmação e abuso de poder e autoridade. Já a egotrofia mascarada caracteriza-se por uma atitude do indivíduo que se impõe ao meio, adulando, sem qualquer tipo de repressão interna, mas com dissimulação, manipulando pelos bastidores, intencionalmente. Essa forma de egotrofia é muito vista nos ambientes religiosos e nas estruturas de governo e de poder.

Ambos os movimentos, menos-valia (ególise) e pseudopoder (egotrofia), são sintomas de um único movimento que é o de estar apartado da conexão com a fonte de todo poder e todo valor. Representam estertores comportamentais decorrentes da desnutrição afetiva e espiritual da vara que se apartou da videira e intenta verdejar na vida sem beber do néctar da seiva que lhe mantém viva, vinda da fonte onde nasceu e cresceu. O remédio para a cura, naturalmente, é fazer novamente a enxertia, reconectar-se à fonte límpida.

Jesus, representante de Deus aos homens da Terra, exortou-nos, com seu amor, a beber da água da vida: "Estai em mim, e eu em vós; como a vara de si mesma não pode dar fruto, se não estiver na videira, assim também vós, se não estiverdes em mim." (João, 15:4). E complementou: "Se vós estiverdes em mim, e as minhas palavras estiverem em vós, pedireis tudo o que quiserdes, e vos será feito. Nisto é glorificado meu Pai, que deis muito fruto..." (João, 15:7-8).

A fala do Mestre nos ensina que se seguirmos os Seus passos, guardando-O no coração em Espírito e verdade, ressintonizando-nos com o belo e o bem, passamos a frutificar abundantemente de acordo com a natureza de cada um. Na conexão com a fonte está o verdadeiro poder, e quando essa ligação se estabelece, o Pai passa a ser glorificado na vida e em ações que despertam Sua marca singular na intimidade dos indivíduos.

Criador e criatura não se apartam verdadeiramente, senão na desconexão com o mais profundo, pois o Pai está imanente em cada ser. Conectar-se, pois, com Ele, não representa seguir dogmas, ritos e movimentos exteriores que dizem acessá-lo ou intermediar o contato com Sua vontade. Antes, conectar-se com a fonte representa encontrar Deus em si mesmo, despertar os valores intrínsecos do Espírito e afirmar a sua grandeza e o seu valor real por meio do único movimento possível: a conexão com a fonte pura e cristalina da intimidade com Deus. O resultado é a plenitude.

Disse Jesus:

> "Se guardardes os meus mandamentos, permanecereis no meu amor; do mesmo modo que eu tenho guardado os mandamentos de meu Pai, e permaneço no seu amor. Tenho-vos dito isto, para que o meu gozo permaneça em vós, e o vosso gozo seja completo." (João, 15:10-11).

Gozo completo, na linguagem evangélica, representa o Espírito na posse de sua herança divina e na comunhão com o Pai.

O benfeitor Dias da Cruz, reafirmando o conhecimento da filosofia homeopática, pois ele foi um dos mais destacados homeopatas brasileiros, ensina-nos que menos-valia e egotrofia são pólos opostos de uma mesma doença da alma que atestam sintomatologicamente, a desconexão com o Criador, e que somente na conexão real é que existem força e valor verdadeiros:

> "Ao declarar que o filho de Deus é força realizadora, o Senhor estava afirmando que aquele que é fiel e confia não é pequeno como pensa na menos-valia e no desvalor, nem grande como pretende na arrogância e na prepotência [egotrofia]. Mas, diante do real significado, perante Deus, é ínfima fagulha criadora e luminosa que, integrada no Senhor, é tão grande conforme o tamanho da vontade do Pai para sua vida."[68]

Ensina-nos o médico espiritual que a criatura conectada é uma pequena fagulha luminosa. Ora, o que pode uma pequena fagulha?

• 68 • Andrei Moreira e Espírito Dias da Cruz, *Pílulas de confiança*, p. 56.

Pode incendiar a Terra. Pode iniciar um movimento despretensioso, no belo e no bem, que alcança níveis de atuação inimagináveis para o ser e para seu entorno, pois se torna tão grande quanto o tamanho da vontade de Deus para sua vida. Essa é a grandeza real; não aquela que se afirma sobre o outro, mas a que se irmana ao outro, afirmando-se igual; nem maior, nem menor, apenas singular e, com isso, colaborando como lhe é possível.

Bert Hellinger fala sobre isso com beleza, quando afirma:

> "O que torna uma pessoa grande? Aquilo que a torna igual a todas as outras pessoas. Isso é o que tem de maior em cada pessoa. Uma pessoa ganha sua grandeza na medida em que reconhece: 'Eu sou igual a vocês, vocês são iguais a mim'. Se puder falar a todas as pessoas que encontra: 'Sou seu irmão, sou sua irmã'. Se abrirmos espaço para isso, percebemos como isso nos amplia e fortalece nossa alma. Ganhamos a nossa verdadeira grandeza, então podemos ficar de pé com a postura ereta, ao lado de todos os outros, não somos maiores nem menores, somos exatamente iguais aos outros."[69]

A grandeza real reside na igualdade da humanidade. Quando chamamos a Deus de "Pai", irmanamo-nos em família com todos os demais seres, de toda raça, credo, cor, etnia e opinião. Fazemo-nos iguais e conectados. Então, o nosso melhor pode vir à tona na conexão com o belo e com o bem.

Naturalmente, para restabelecer a conexão com a fonte de todo bem, temos que fugir da sua negação, o mal, o que não é tarefa fácil, como ensina Emmanuel:

---

[69] Bert Hellinger, *O amor do Espírito*, p. 127.

"Não é fácil apartar-se do mal, consubstanciado nos desvios inúmeros de nossa alma através de consecutivas reencarnações, e é muito difícil praticar o bem, dentro das nocivas paixões pessoais que nos empolgam a personalidade, cabendo-nos ainda reconhecer que, se nos conservarmos envolvidos na túnica pesada de nossos velhos caprichos, é impossível buscar a paz e segui-la."[70]

Reconectar-se à fonte é, pois, vencer os atavismos milenares da desconexão com o bem que frequentemente se manifestam alternadamente na reencarnação, ora em experiências de menos-valia, depressão e vícios, ora em vivências de pseudograndeza, abuso de poder e de oportunidade diante das concessões divinas. É humanizar-se, pois ser humano é também ser divino. Em nossa condição humana, Deus está presente.

Reconectar-se é enfrentar os núcleos adoecidos da alma resultantes da desconexão, que são passageiros, pois a destinação humana é ser luz, divina e atuante, mais dia, menos dia.

Ensina Emmanuel:

"Observa em torno de ti: a noite da culpa; as trevas da delinquência, as sombras da obsessão; o labirinto das provas; as furnas da indiferença; os cárceres do egoísmo; as tocas da ignorância; o nevoeiro da angústia; as nuvens do sofrimento; a neblina das lágrimas. Relaciona os recintos da vida (...) E toda criatura é uma fonte de luz por ser, em si, uma fonte de amor.

Relaciona os recintos da vida onde as necessidades da alma nos obscurecem os caminhos e estende auxílio e compreensão, paz e esperança onde estiveres. Disse-nos o Cristo: "Sois a luz do mundo." E toda criatura é uma fonte de luz por ser, em si, uma fonte de amor."[71]

- [70] Francisco Cândido Xavier e Espírito Emmanuel, *Vinha de luz*, cap. 27.
- [71] Francisco Cândido Xavier e Espírito Emmanuel, *Ceifa de luz*, cap. 60.

5
SINTOMAS DA QUEDA OU DA DESCONEXÃO COM O CRIADOR

> "E viu a mulher que aquela árvore era boa para se comer, e agradável aos olhos, e árvore desejável para dar entendimento; tomou do seu fruto, e comeu, e deu também a seu marido, e ele comeu com ela. Então foram abertos os olhos de ambos, e conheceram que estavam nus; e coseram folhas de figueira, e fizeram para si aventais. E ouviram a voz do Senhor Deus, que passeava no jardim pela viração do dia; e esconderam-se Adão e sua mulher da presença do Senhor Deus, entre as árvores do jardim. E chamou o Senhor Deus a Adão, e disse-lhe: Onde estás? E ele disse: Ouvi a tua voz soar no jardim, e temi, porque estava nu, e escondi-me."
>
> (Gênesis, 3:6-10)

A potência curativa de uma determinada substância, preparada conforme o método de dinamização homeopático proposto por Samuel Hahnemann, é descoberta a partir dos sintomas físicos, emocionais e mentais que ela é capaz de causar em um indivíduo são ao experimentá-la.

A matéria médica homeopática é composta de centenas de substâncias bem conhecidas porque foram experimentadas por diferentes grupos, em diferentes épocas, tendo sua virtude medicamentosa bem estabelecida.

Mazi Elizalde observa que, ao analisarmos os sintomas mentais das patogenesias que são causados pelas substâncias experimentadas, podemos encontrar ali registrada uma fotografia da queda ou uma imagem da desconexão criatura-Criador, bem retratada nos sintomas de falta, sofrimento e nas posturas reativas, egolíticas ou egotróficas.

Registrou Hahnemann:

"(...) o Criador das potências curativas levou em consideração, de maneira notável, esse elemento principal de todas as doenças, o estado psíquico e mental alterado, pois não existe no mundo nenhuma substância com força medicamentosa que não altere de modo evidente o estado psíquico e mental do indivíduo sadio que a experimente, havendo, na verdade, uma maneira diferente de agir para cada medicamento."[72]

Cada substância apresenta uma singularidade que será a imagem que vai permitir ao médico homeopata medicar de acordo com a lei de semelhança, a partir do quadro da totalidade sintomática que fizer de seu paciente.

Mazi entende essa imagem ou fotografia como queda de núcleos da *psora*, que ele correlaciona a manchas na imaginação, pois interpreta que o ser, em sua fantasia, pretendeu um determinado atributo do Criador e quis fazer-se lei no lugar da lei; com isso, apartou-se da ordem e da harmonia com o sistema.

Ele agrupa as substâncias em alguns núcleos gerais, de acordo com sua particularidade sintomática, e apresenta os núcleos da *psora*: perda, culpa, nostalgia, temor do castigo, justificativa e reconciliação. Esses núcleos, na ordem apresentada, refletem o movimento da alma ao apartar-se do Criador ou da fonte.

É interessante observar que na natureza podemos encontrar o registro do movimento de adoecimento do homem nas substâncias ofertadas como medicação que, uma vez prescritas, ingeridas e atuantes dentro da lei de semelhança apresentada pela homeopatia,

---

[72] Samuel Hahnemann, *Organon da arte de curar*, parágrafo 212.

auxiliarão o homem na reconexão com o natural, com a lei, com o equilíbrio do sistema, despertando a atuação da *physis*[73] que o conduz com sabedoria. Fica patente, pois, a sabedoria e o amor infinito do Criador que, conhecendo sua criação e o movimento do progresso, já ofertou na natureza a medicação adequada. Na natureza estão impressos toda a lei e todo o movimento do progresso, de forma que tudo obedece à ordem e concorre para a reconciliação do ser consigo mesmo, com a vida e com o Pai.

Estudemos, então, os sintomas da desconexão.

PERDA

O sentimento de perda é o sentimento imediato que o ser apresenta ao desconectar-se da fonte de todo amor, toda bondade e toda justiça em sua imaginação e fantasia, pois, na verdade, não se desconecta nunca, já que ela vibra em todo o seu ser no mais profundo. Essa perda se manifesta sintomaticamente como falta, ausência, carência de toda natureza, sobretudo afetiva, gerando situações as mais

---

[73] *Physis*: conceito da medicina grega pré-socrática, assumido pela homeopatia, que define a "natureza particular", o divino princípio e fundamento de toda realidade, atuante em todas as coisas. A *physis* hipocrática é a sabedoria da natureza presente na força vital orgânica do ser, que restabelece a saúde de forma natural (*vix medicatrix*) quando esta foi perdida e os obstáculos que a impedem de atuar são removidos. Os médicos pré-socráticos se limitavam a retirar o impedimento de atuação da *physis*, enquanto os homeopatas estimulam o organismo com a virtude curativa das substâncias, eleitas pela lei de semelhança (*similia similibus curantus*), que servem à *physis* em sua atuação.

diversas. Muitas vezes esse núcleo é fortalecido por experiências da vida em que o indivíduo passa por faltas exteriores verdadeiras, como a falta de afeto, de cuidado, de condições socioeconômicas, o que faz com que se agrave o sentimento de perda ou de falta que cada um busca preencher com aquilo que lhe satisfaz ou que julga faltar-lhe. Daí se originam muitos processos de dependência de substâncias ou de relações e de pessoas, levando a quadros de compulsões, dependências emotivas, afetivas, sexuais e viciações diversas.

No livro *O homem sadio*[74], o Espírito Homero nos ensina que quando o Espírito se desconecta do Pai, na rebeldia, sente a sua falência, pois sabe-se nada sem a fonte. Para buscar, bastar-se a si mesmo, fecha-se em torno de si, como o caramujo em sua concha, passando a defender-se do mundo como se fosse uma ameaça e a resguardar-se como se os recursos fossem limitados ou falíveis, estruturando o egoísmo e o egocentrismo. Fecha-se à troca com o seu semelhante e, nesse movimento, estagna e estaciona, pois a vida social baseada na fraternidade e na partilha são naturais elementos de progresso e de crescimento pessoal e coletivo.

Ensinam-nos os Espíritos codificadores da doutrina espírita:

> "766. *A vida social está em a Natureza?* Certamente. Deus fez o homem para viver em sociedade. Não lhe deu inutilmente a palavra e todas as outras faculdades necessárias à vida de relação."

---

[74] Alcione Reis Albuquerque, Roberto Lúcio Vieira de Souza e Espíritos diversos, *O homem sadio*, p. 208-214.

"767. *É contrário à lei da Natureza o insulamento absoluto?* Sem dúvida, pois que por instinto os homens buscam a sociedade e todos devem concorrer para o progresso, auxiliando-se mutuamente."

"768. *Procurando a sociedade, não fará o homem mais do que obedecer a um sentimento pessoal, ou há nesse sentimento algum providencial objetivo de ordem mais geral?* O homem tem que progredir. Insulado, não lhe é isso possível, por não dispor de todas as faculdades. Falta-lhe o contato com os outros homens. No insulamento, ele se embrutece e estiola. (...) Homem nenhum possui faculdades completas. Mediante a união social é que elas umas às outras se completam, para lhe assegurarem o bem-estar e o progresso. Por isso é que, precisando uns dos outros, os homens foram feitos para viver em sociedade e não insulados."[75]

"913. *Dentre os vícios, qual o que se pode considerar radical?* Temo-lo dito muitas vezes: o egoísmo. Daí deriva todo mal. Estudai todos os vícios e vereis que no fundo de todos há egoísmo."[76]

O egoísmo, pois, decorrente do sentimento de falta ou de perda, é a matriz do que chamamos *vícios* e leva o homem a criar para si movimentos cíclicos de repetição de experiências, sempre novas, pois que agravadas pela lei de causa e efeito, fazendo com que ele estacione no caminho do progresso. De igual maneira, a fraternidade liberta o ser para a vida de relação, semeando bênçãos e colhendo frutos saborosos de amizade, cuidado, carinho e gratidão, que envolvem o ser em doces forças para o trabalho de aprimoramento e progresso.

---

[75] Allan Kardec, *O livro dos Espíritos*, questões 766 a 768, e comentário de Kardec à questão 768.

[76] *Ibidem*, questão 913.

CULPA

A culpa é um núcleo frequente que decorre do sentimento de falha, falta ou responsabilidade diante dos deveres do ser. Ela aparece como um sintoma da transgressão, atestando a distonia em relação à lei divina, e é acompanhada da vergonha no conjunto sintomático. A culpa pode sustentar-se na imaginação e na fantasia em relação à lei, ou como sintoma que acompanha o sentimento de perda e de falta, quando o ser se julga só e se reconhece insuficiente, porém, não o bastante para retornar à reconexão, mantendo-se na soberba da autossuficiência e na arrogância do pseudopoder.

A culpa real, decorrente da lesão à lei ou da agressão aos direitos do próximo, é determinada pela responsabilidade que acompanha o livre-arbítrio e regulada pelo grau de intencionalidade.

Ensinam os Espíritos: "Não há culpabilidade, em não havendo intenção, ou consciência perfeita da prática do mal"[77]. A culpa decorrente da intencionalidade leva o indivíduo necessariamente à reparação do mal cometido, o que representa reconciliação. E, como ensina Kardec, em *O céu e o inferno*, entre o arrependimento (culpa sadia) e a reparação (reconciliação) há um período de sofrimento consequente, autoimposto e autorregulável, a que ele chamou *expiação*. Esse sofrimento, que muitos interpretam como castigo divino, nada mais é que o resultado natural da distonia com a própria consciência na qual reside a lei de Deus.[78]

Ensina Kardec:

---

[77] *Ibidem*, questão 954.
[78] *Ibidem*, questão 621.

"Arrependimento, expiação e reparação constituem, portanto, as três condições necessárias para apagar os traços de uma falta e suas conseqüências. O arrependimento suaviza os travos da expiação, abrindo pela esperança o caminho da reabilitação; só a reparação, contudo, pode anular o efeito destruindo-lhe a causa."[79]

Continua o codificador:

"Até que os últimos vestígios da falta desapareçam, a expiação consiste nos sofrimentos físicos e morais que lhe são conseqüentes, seja na vida atual, seja na vida espiritual após a morte, ou ainda em nova existência corporal. A reparação consiste em fazer o bem àqueles a quem se havia feito o mal. Quem não repara os seus erros numa existência, por fraqueza ou má-vontade, achar-se-á numa existência ulterior em contato com as mesmas pessoas que de si tiverem queixas, e em condições voluntariamente escolhidas, de modo a demonstrar-lhes reconhecimento e fazer-lhes tanto bem quanto mal lhes tenha feito. Nem todas as faltas acarretam prejuízo direto e efetivo; em tais casos a reparação se opera, fazendo-se o que se deveria fazer e foi descurado; cumprindo os deveres desprezados, as missões não preenchidas; praticando o bem em compensação ao mal praticado, isto é, tornando-se humilde se se tem sido orgulhoso, amável se se foi austero, caridoso se se tem sido egoísta, benigno se se tem sido perverso, laborioso se se tem sido ocioso, útil se se tem sido inútil, frugal se se tem sido intemperante, trocando em suma por bons os maus exemplos perpetrados. E desse modo progride o Espírito, aproveitando-se do próprio passado."[80]

- [79] Allan Kardec, *O céu e o inferno*, 1ª parte, cap. VII, item 16.
- [80] *Ibidem*.

RECORDAÇÃO OU NOSTALGIA

A nostalgia que se apresenta como núcleo psórico é decorrente da saudade do regaço do Pai; Saudade da segurança e da integração com a fonte. A carência afetiva, consequente ao sentimento de perda, conjuga-se com a saudade de um amor profundo e infinito, já sentido, já conhecido e aparentemente perdido. Trata-se do amor da fonte que nos criou como um sopro de seu amor, um raio de sua luz, uma minúscula partilha de sua grandeza. Em verdade, não houve perda real, mas desconexão.

Esse amor primeiro, afirma Dias da Cruz, vibra na intimidade da criatura como sua própria estutura, pois DEle ela proveio e O traz registrado em cada fibra de seu ser. No entanto, esse sentimento de saudade nos impele à busca de algo que nos console, nos acalente e acolha. As religiões muitas vezes fazem esse papel, levando o ser à reconexão com a fonte, assim como podem explorar a saudade e agravá-la, tornando o ser dependente de coisas exteriores a si e de pessoas, afastando-os ainda mais da fonte, que é sempre interior. Por isso os intermediários da bondade, os missionários do amor e da caridade são tão procurados e assediados. Todos querem ver neles a luz do Pai que brilha sem obstáculos, levando-os a extremos de sacrifício e de testemunho, como acontecia com Chico Xavier, o apóstolo mineiro do bem.

Há um caso da vida de Chico, narrado por Adelino da Silveira, que reflete bem essa realidade. Assim ele contou:

"Estávamos na residência do Chico Xavier. Seu estado de saúde não lhe permitia deslocar-se até o Centro. A multidão se comprimia lá na rua em frente, quando o portão se abriu, a fila de pessoas tinha alguns quarteirões. Foram passando uma a uma em frente ao Chico. Pessoas de todas as idades, de todas as condições sociais e dos mais distantes lugares do País. Algumas diziam: — Eu só queria tocá-lo... — Meu maior sonho era conhecê-lo... — Só queria ouvir sua voz e apertar sua mão. — Uns queriam notícias de familiares desencarnados, espantar uma idéia de suicídio. Outros nada diziam, nada pediam, só conseguiam chorar. Com uma simples palavra do Chico, seus semblantes se transfiguravam, saíam sorridentes. Ao ver as pessoas ansiosas para tocá-lo, a interminável fila, a maneira como ele atendia a todos fiquei pensando: "Meu Deus, a aura do Chico é tão boa... seu magnetismo é tão grande, que parece que pulveriza nossas dores e ameniza nossas ansiedades". De repente, ele se volta para mim e diz: — Comove-me a bondade de nossa gente em vir visitar-me. Não tenho mais nada para dar. Estou quase morto. Por que você acha que eles vêm? — Perguntou-me e ficou esperando a resposta. Aí, pensei: "Meu Deus, frente a um homem desses, a gente não pode mentir nem dizer qualquer coisa que possa vir ofender a sua humildade" (embora ele sempre diga que nunca se considerou humilde). Comecei então a pensar que quando Jesus esteve conosco, onde quer que aparecesse, a multidão o cercava. Eram pessoas de todas as idades, de todas as classes sociais e dos mais distantes lugares. Muitos iam esperá-lo nas estradas, nas aldeias ou nas casas onde Ele se hospedava. Onde quer que aparecesse, uma multidão o cercava. Tanto que Pedro lhe disse certa vez: "Bem vês que a multidão te comprime". Zaqueu chegou a subir numa árvore somente para vê-lo. Ver, tocar, ouvir era só o que queriam as pessoas. Tudo isso passou pela minha cabeça com a rapidez de um relâmpago. E como ele continuava olhando para mim esperando a resposta, animei-me a dizer: — Chico, acho que eles estão com saudades de Jesus. — Palavras tiradas do fundo do coração, penso que elas não ofenderam sua modéstia. A multidão continuou desfilando. Todos lhe beijavam a mão e ele beijava a mão de todos. Lá pelas tantas da noite, quando a fila havia diminuído sensivelmente, percebi que seus lábios estavam sangrando. Ele havia beijado a mão de centena de pessoas. Fiquei com tanta pena daquele homem, nos seus oitenta e oito anos, mais de setenta dedicados ao atendimento de pessoas, que me atrevi a lhe perguntar: — Por que você beija a mão deles? — A humildade de sua resposta continuará emocionando-me sempre: — Porque não posso me curvar para beijar-lhes os pés."[81]

TEMOR AO CASTIGO

Esse núcleo decorre do medo de sofrer as consequências da perda ou do medo da retaliação divina, em uma visão antropomórfica de Deus, como se o Pai fosse cheio de emoções e sempre prestes a se vingar ou punir aqueles que transgridem a sua lei. Isso decorre da projeção, no Pai, das características humanas com as quais estamos habituados, pois o amor soberano e infinito é algo ainda abstrato de ser compreendido no campo racional. Conhecemos os atributos de Deus, mas não podemos defini-lo. Ensinam-nos os Espíritos codificadores:

"10. *Pode o homem compreender a natureza íntima de Deus?* Não; falta-lhe para isso o sentido.

11. *Será dado um dia ao homem compreender o mistério da Divindade?* Quando não mais tiver o Espírito obscurecido pela matéria. Quando, pela sua perfeição, se houver aproximado de Deus, ele o verá e compreenderá.

(Comentário de Kardec) A inferioridade das faculdades do homem não lhe permite compreender a natureza íntima de Deus. Na infância da Humanidade, o homem O confunde muitas vezes com a criatura, cujas imperfeições lhe atribui; mas, à medida que nele se desenvolve o senso moral, seu pensamento penetra melhor no âmago das coisas; então, faz ideia mais justa da Divindade e, ainda que sempre incompleta, mais conforme à sã razão."[82]

- [81] Adelino da Silveira, *Momentos com Chico Xavier.* Editora LEEPP
- [82] Allan Kardec, *O livro dos Espíritos,* questões 10 e 11.

Deus é amor infinito e a misericórdia é a sua expressão maior. Ele não pode ser atingido pelas ações humanas, pois está infinitamente acima delas. O que o homem colhe e a que tantas vezes chama *castigo*, nada mais é que um movimento natural de retorno à ordem e ao equilíbrio no sistema, pois todo ato ou postura que ofenda a ordem aciona um movimento de reordenação natural. A lei é ordenada e ordenadora, isso significa que ela define a ordem e reconduz à ordem com perfeição. As leis estatuídas pelo Criador regem o cosmos com absoluta segurança e harmonia, do macro ao micro. Ensina-nos o Espírito Paulo de Tarso:

> "Oh! Em verdade vos digo, cessai, cessai de pôr em paralelo, na sua eternidade, o Bem, essência do Criador, com o Mal, essência da criatura. Fora criar uma penalidade injustificável. Afirmai, ao contrário, o abrandamento gradual dos castigos e das penas pelas transgressões e consagrareis a unidade divina, tendo unidos o sentimento e a razão."[83]

Analisando o temor do castigo e os atributos de Deus, Kardec considera:

> "Admitindo-se que uma ofensa temporária à Divindade pudesse ser infinita, Deus, vingando-se por um castigo infinito, seria logo infinitamente vingativo; e sendo Deus infinitamente vingativo não pode ser infinitamente bom e misericordioso, visto como um destes atributos exclui o outro. Se não for infinitamente bom não é perfeito; e não sendo perfeito deixa de ser Deus. Se Deus é inexorável para o culpado que se arrepende, não é misericordioso; e se não é misericordioso, deixa de ser infinitamente bom. E por que daria Deus aos homens uma lei de perdão, se Ele próprio não perdoasse?

---

[83] *Ibidem*, questão 1009.

Resultaria daí que o homem que perdoa aos seus inimigos e lhes retribui o mal com o bem, seria melhor que Deus, surdo ao arrependimento dos que o ofendem, negando-lhes por todo o sempre o mais ligeiro carinho. Achando-se em toda parte e tudo vendo, Deus deve ver também as torturas dos condenados; e se Ele se conserva insensível aos gemidos por toda a eternidade, será eternamente impiedoso; ora, sem piedade, não há bondade infinita."[84]

A reencarnação apresenta ao ser os efeitos de suas faltas em si mesmo e ao seu derredor, como um movimento natural que a ciência espírita explicita e explica. O castigo é figura alegórica de interpretação decorrente da imaturidade relativa da humanidade, do desejo de controle da massa pelos que ocupam o poder temporário e da projeção de nós mesmos em Deus.

Os Espíritos codificadores esclarecem:

"Em tese geral, pode-se dizer: cada um é punido por aquilo em que pecou. Assim é que uns o são pela visão incessante do mal que fizeram; outros, pelo pesar, pelo temor, pela vergonha, pela dúvida, pelo insulamento, pelas trevas, pela separação dos entes que lhes são caros, etc."[85]

No entanto, arremata Emmanuel:

"Em matéria, pois, de castigos, depois da morte, reflitamos, sim, na justiça da Lei, que determina realmente seja dado a cada um conforme as próprias obras; entretanto, acima de tudo e em todas as circunstâncias, aceitemos Deus, na definição de Jesus, que no-lo revelou como sendo o 'Pai nosso que está nos Céus'".[86]

- [84] · Allan Kardec, *O céu e o inferno*, 1ª parte, cap. VII, item 17.
- [85] · Idem, *O livro dos Espíritos*, questão 973.
- [86] · Francisco Cândido Xavier e Espírito Emmanuel, *Justiça divina*, capítulo "Penas depois da morte".

DESCULPA / JUSTIFICATIVA

Esse núcleo é a manifestação de imaginações para justificar, fantasiosamente, sem base no concreto, a culpa, também imaginária, do agravo ao Criador. Frequentemente o homem alucina e cria a realidade que deseja ver para não lidar com o seu sofrimento decorrente da perda e da desconexão com o Pai.

A mente e as falsas crenças criam ilusões que hipnotizam os sentidos, direcionando-os para realidades mais aceitáveis ou menos sofridas a fim de aliviar a pressão ou a tensão interior. Com seus pensamentos, o homem cria uma teia de conexão e de vínculos que o mantém conectado ao fruto de sua construção interior até que a mudança dos padrões mentais e emocionais modifique a rede de conexão e interdependência com outros seres, encarnados ou desencarnados, e com correntes mentais.

Esse núcleo é bastante comum e observável no dia a dia. É mais fácil sofrer que solucionar uma pendência. Solucionar requer consciência, decisão e atitude. Sofrer requer apenas inação e sustentação das falsas crenças que mantêm a autopunição diante de uma falta imaginária ou real.

RECONCILIAÇÃO

Esse é o núcleo que reflete a cura. Em muitas patogenesias se revelou um conjunto sintomático que reflete um movimento franco de retorno à ordem e ao equilíbrio, demonstrando que a reconciliação já está prevista e determinada na ordem universal.

O Espírito pode eleger o roteiro do seu progresso, mas não o sentido. Fatalmente caminhará sob o guante das provas ou das alegrias das bem-aventuranças, para a integração com o amor maior, que lhe é origem e destino. Sai dele totipotente para retornar a ele revelado; ignorante, para volver consciente; latente, para revelar-se potente em conexão com a fonte.

Para isso, deve buscar pacificar sua consciência na sintonia com a lei, reparando toda falta e toda lesão perpetrada a si mesmo ou ao seu próximo, após vencer a rebeldia que lhe distancia da fonte ou cansar-se do mal. Essa tarefa é muitas vezes carregada de lutas e sofrimentos educativos, conforme ensina Emmanuel:

> "A vida deveria constituir, por parte de todos nós, rigorosa observância dos sagrados interesses de Deus. Freqüentemente, porém, a criatura busca sobrepor-se aos Desígnios divinos. Estabelece-se, então, o desequilíbrio, porque ninguém enganará a divina Lei. E o homem sofre, compulsoriamente, na tarefa de reparação."[87]

A APLICAÇÃO MÉDICA DESSE CONHECIMENTO

Mazi propõe que o médico homeopata com essa visão ampliada da doença profunda do homem auxilie o seu paciente a partir do entendimento de seu sofrimento psórico, ou seja, a partir dos sintomas da desconexão com o Criador:

---

[87] Francisco Cândido Xavier e Espírito Emmanuel, *Caminho, verdade e vida*, cap. 21.

"Nosso paciente, homem temporal que é, não sabe ainda que buscamos, e tentaremos compreender, sua maneira adâmica de sofrer a PERDA maior que foi o distanciamento das leis e princípios naturais do Deus que o ama, como sente o CASTIGO, como JUSTIFICA O ERRO, como se mostra sua CULPA por perder valores transcendentes e a NOSTALGIA dessa época em que vivia cercado de Harmonia, Beleza, Paz, etc., em que nada lhe era hostil."[88]

O trabalho do médico, na visão hahnemanniana é auxiliar o indivíduo a recobrar a saúde para que atinja os altos fins da existência, como já afirmamos.

Hahnemann aprofunda a sua visão dos altos fins da existência quando afirma que a saúde, em uma visão mais ampla, está subordinada a "sensações que assegurem a felicidade, ações que exaltem a dignidade e conhecimentos que lhe permitam abarcar o Universo para aproximar-se do Grande Espírito que adora os habitantes de todos os sistemas solares".

A função do médico, do ajudante de saúde, pois, é ser um guia que auxilie o paciente a lidar com os efeitos físicos, emocionais e morais de sua desconexão com a fonte para encaminhá-lo ao encontro de si mesmo e à reconciliação profunda com a lei, com Deus em si.

---

[88] Célia Regina Barollo, Flávia Risaliti e Silvia I. Waisse de Priven, *Uma contribuição à compreensão da teoria miasmática segundo Mazi Elizalde*, Grupo de Estudos Mazi Elizalde.

6
TRANSTORNO DE PÂNICO E FOBIAS: SINTOMAS DA INSUFICIÊNCIA

> "A coragem que vence o medo tem mais elementos de grandeza que aquela que o não tem. Uma começa interiormente; outra é puramente exterior. A última faz frente ao perigo; a primeira faz frente, antes de tudo, ao próprio temor dentro da sua alma."
>
> Fernando Pessoa

O **transtorno de pânico e** fobias é uma das doenças de origem multifatorial que expressa a dor da alma desconectada de si mesmo e da vida, bem como seus conflitos. Como toda enfermidade, traz em si um convite e uma oportunidade de autoencontro e crescimento interior, a partir da expansão de consciência e do despertar de virtudes que pode promover.

EMOÇÕES NATURAIS

Inicialmente, é necessário diferenciar as emoções naturais das enfermidades. As emoções são como um rio que quando flui naturalmente, nutre as margens e gera vida ao longo de seu fluxo e percurso. Mas, quando há uma barreira no rio, um dos lados sofre enchente e o outro sofre a seca. O fluxo natural gera vida, mas a enchente mata e a seca destrói. Assim também acontece com as emoções. Quando vividas com compreensão de sua função psicoafetiva, auxiliam o movimento da alma e podem ser extremamente positivas, gerando uma inquietação interior benéfica de vida. Mas, quando obstaculizadas ou aumentadas, podem promover destruição interna, no próprio ser e em suas relações.

As emoções são respostas da vida afetiva diante de um estímulo, seja ele externo ou interno, oriundo das circunstâncias ou das interpretações e fantasias do ser. Como respostas, são superficiais e se sustentam em sentimentos que são estruturais. Ao lidar com as emoções, importa conhecer o sentimento que as sustenta e a crença em que se baseia o sentimento.

O medo é uma das emoções naturais que podem ser muito benéficas, pois auxiliam o ser a caminhar na vida com o cuidado necessário para a autopreservação. A ausência de medo total não significa coragem, mas é marca de arrogância extrema. O indivíduo destemido é temerário e afronta os perigos e riscos da vida sem autocuidado e sem autoproteção, com egotrofia, acreditando-se maior que qualquer ameaça. Já o indivíduo corajoso é um medroso que se guia pelo coração. Isso significa que ele tem medo, naturalmente, mas não se paralisa nele e o utiliza para se precaver das ferramentas e habilidades necessárias para as realizações que o coração lhe indica. O medo, portanto, não é uma emoção a ser evitada ou medicada, e sim compreendida e bem utilizada.

DEFINIÇÃO, SINTOMAS E TRATAMENTO

As fobias são medos específicos de um objeto, animal ou circunstância natural que desencadeiam uma crise de pânico quando o indivíduo é submetido a uma visão ou contato com aquilo que teme, ou mesmo quando imagina esse contato.

A crise de pânico se caracteriza pelo seguintes sintomas:

1. Palpitações, taquicardia.
2. Sudorese com tremores.
3. Dispneia e náuseas.
4. Sensação de atordoamento, desmaio.
5. Despersonalização – acontece quando a pessoa sente que deixa de ser ela mesma.
6. Desrealização – quando a pessoa tem a sensação de que sai da realidade.
7. Medo de estar enlouquecendo ou perdendo o controle.
8. Sentimento de estar morrendo ou de morte iminente.
9. Mal-estar indefinido e necessidade de sair correndo do ambiente.
10. Medo extremo com sensação de morte e destruição eminente.

Essas crises são produzidas diante do estímulo específico da fobia e não em situações de perigo real, em que o risco de morte gera um desespero natural, um pânico fisiológico decorrente da liberação de adrenalina e corticoides em alta dosagem no sangue. Elas estão ligadasà fantasia, que gera uma crise de ansiedade e medo específico que fogem ao controle inicial do indivíduo, podendo chegar ao desespero completo.

Já no transtorno de pânico, a crise ocorre independente de estímulo, a qualquer momento, esteja a pessoa acordada ou dormindo, andando ou parada, fazendo seus afazeres ou tomando banho, por exemplo, o que limita em muito sua vida. Não há referência do que pode desencadear a crise e a pessoa passa a se limitar na vida diária por medo de ter crises, o que representa um grande sofrimento.

Diante de uma crise primária de pânico, há que se fazer uma avaliação médica completa da pessoa para verificar a possibilidade de uma causa orgânica para os sintomas. Além disso, é preciso fazer o diagnóstico diferencial com outras patologias que apresentam sintomas semelhantes ou que possam desencadear crises de pânico, como:

1. Tireotoxicose (intoxicação por excesso de hormônio da tireoide, no hipertireoidismo).
2. Feocromocitoma (tumor da glândula suprarrenal, que produz excesso de corticoides).
3. Intoxicação exógena por drogas ilícitas.
4. Síndrome de abstinência alcoólica.
5. Arritmias cardíacas supraventriculares (taquicardia patológica).
6. Epilepsia do lobo temporal.
7. Hipoglicemia (baixa taxa de glicose, açúcar, no sangue).
8. Transtorno de ansiedade generalizado.
9. Labirintite.

Não havendo causa orgânica que explique, então estamos diante de um quadro autêntico de fobia específica ou de transtorno de pânico, que deve ser avaliado de forma multidisciplinar.

O transtorno de pânico afeta de 2 a 3% da população segundo as pesquisas. A idade de aparecimento é, em geral, entre os 20 e os 40 anos. A recaída (retorno dos sintomas) afeta de 20 a 50% das pessoas após uma primeira crise, entre 6 meses a 2 anos, e há uma prevalência sete vezes maior entre familiares de portadores do transtorno.

A causa orgânica das fobias e do transtorno do pânico é desconhecida pela medicina. Já foram postuladas várias hipóteses neuroquímicas envolvendo os neurotransmissores serotonina, dopamina e gaba, sem uma conclusão plausível até o momento. Conhece-se os efeitos no cérebro, mas não uma causa orgânica bem definida. Essa causa é buscada no campo emocional e psicoafetivo do ser.

Como tratamento, a medicina oferece os medicamentos antidepressivos, mais especificamente os inibidores da recaptação de serotonina, que comprovadamente diminuem as recaídas e o número de crises, bem como os ansiolíticos que auxiliam no controle dos sintomas. É muito importante que o uso dessas medicações seja feito com indicação médica, pois representam alívio de misericórdia enquanto se trabalha para a cura real.

A homeopatia, igualmente, oferece seu arsenal terapêutico de reequilíbrio da energia vital e é muitíssimo útil, pois oferece diversas medicações capazes de auxiliar a recuperação orgânica e mental em sua propriedade terapêutica.

A essa terapêutica medicamentosa são associados métodos de controle da ansiedade, como a respiração holotrópica, a visualização criativa, a hipnoterapia, a meditação e os exercícios físicos e corporais que produzem endorfinas e auxiliam na mudança de foco.

CAUSAS PSICOLÓGICAS E AFETIVAS

Tanto as fobias quanto o transtorno de pânico podem se originar de traumas da vida presente ou passada, armazenados no inconsciente da criatura a atuar de forma vigorosa, na sombra, e que afloram diante de um estímulo específico conhecido ou não. Quando esse trauma é conhecido, então pode ser ressignificado através de uma visualização criativa com resolução da dor.

Lembro-me de uma paciente que tinha fobia de cachorro e não sabia a causa. No processo terapêutico lembrou-se de que quando era bem pequena, foi brincar com a vizinha, de mesma idade, e ambas fizeram uma cabana com cobertores sobre a cama. Quando lá estavam, no escuro, um pequeno cachorro da família, que ela desconhecia, entrou na cabana, assustando-a muitíssimo. Para uma criança pequena, um cachorro dócil, descontrolado, no escuro, é visto como um dragão ameaçador, o que fez com que ela ficasse com um registro de perigo eminente no inconsciente, até que pôde ressignificar a experiência.

Outra paciente lembrava-se de ter caído em um poço quando era bem pequena, e essa experiência traumática havia se apagado de sua memória. Não tinha nenhuma lembrança do que tinha se passado lá dentro, pois o psiquismo dissocia a experiência dolorosa como autodefesa. Lembrava-se apenas de que após algum tempo, os bombeiros a tiraram de lá e a barriga estava muito distendida de tanta água que havia bebido. Naturalmente, ela desenvolveu uma fobia de água e, então, pôde ressignificar a experiência.

Da mesma maneira, as experiências de violência, abandono afetivo, dificuldades financeiras e outros problemas podem ser fontes de vivências traumáticas na primeira infância ou mesmo até a adolescência, representando núcleos traumáticos importantes a serem trabalhados em uma psicoterapia.

Muitas pessoas pensam que basta esquecer algo que foi vivido para que o problema esteja resolvido e, com isso, adiam a resolução de conflitos, o enfrentamento necessário e a tomada de decisões importantes que mudam o roteiro de vida. Quando assim fazem, os universos psíquico e afetivo apresentam sintomas como as emoções naturais, ou sintomas patológicos, denunciando a necessidade de revisão da vida e de si mesmo.

Uma dessas emoções é a tristeza. Segundo a autora brasileira Martha Medeiros, a tristeza é o "quartinho do fundo onde buscamos mexer em nossos guardados". A alma também possui um quartinho onde guardamos pensamentos, sentimentos, sonhos, experiências traumáticas, idealizações e projetos, dentre outros, que nos requerem atenção. E algumas pessoas não têm apenas um quartinho, têm um galpão inteiro. Guardam tudo, não vivem e não agem, apenas reagem à vida, cheias de temores e inseguranças. Como em nossas casas, também guardamos nesse espaço da alma aquilo que não serve mais; aquilo que ainda pode servir; o que não sabemos a quem pertence; o que sabemos que não serve para nada, mas não desapegamos, etc.

Mas, chega sempre uma hora em que o quartinho dos fundos transborda e, então, aparecem os animais, sintomas do lixo acumulado. Também é assim na alma. Quando aquilo que está acumulado transborda, aparecem os sinais e os sintomas, denunciando o acúmulo interior e a necessidade de revisão.

O universo psíquico é simbólico. Quando um determinado conteúdo é reprimido e lançado ao inconsciente, o núcleo afetivo, libidinoso, desse conteúdo, é deslocado para um objeto simbólico que o representa. Isso se dá no corpo, nas somatizações ou no psiquismo, nos símbolos arquetípicos presentes no inconsciente coletivo.

Exemplo disso é a fobia de barata e ratos. Toda pessoa sabe, pela sua racionalidade, que baratas e ratos não apresentam perigos reais de agressão extrema. No entanto, as pessoas que têm fobia desses animais os veem, em sua fantasia, como se fossem leões assassinos que atacarão a qualquer momento. Quando não há um evento traumático envolvendo esses animais, no presente ou no passado, o que frequentemente acontece é a representação psíquica dita acima. A barata e o rato são símbolos de repulsividade no inconsciente coletivo. Se a pessoa guarda em si um sentimento repulsivo para o qual não olha – por evitar a dor –, e este representa algo importante em sua vida e em sua experiência, então o psiquismo projeta em um símbolo aquele núcleo afetivo reprimido. Quando a pessoa olha para a barata e para o rato, ela tem medo não do animal inofensivo, mas do que ele representa e simboliza. O medo real é de fazer contato com o sentimento e a dor reprimidos no inconsciente.

Como exemplo de um sentimento repulsivo frequentemente armazenado, temos as consequências de um abuso sexual sofrido na infância ou adolescência, ou mesmo na vida adulta. Nesse caso, para que haja solução, é preciso contactar o sentimento, metabolizá-lo e ressignificar a experiência. Isso se dá quando o abusado encara o abuso e devolve ao abusador tudo aquilo que não lhe pertence, pois o abusado assume para si, com frequência, os sentimentos e as atitudes do abusador. Ele assume a violência, a invasão, o desrespeito e a crueldade franca, quando esta esteve presente, e passa a se tratar ao longo da vida como alguém digno de abuso e de maus tratos. Frequentemente os abusados buscam pessoas e relacionamentos afetivos abusivos nos quais serão tratados da mesma maneira que no abuso original, na compulsão à repetição. Por vezes, abusados se tornam eles mesmos os abusadores que passam a fazer com outros aquilo que sofreram no passado. Essa situação se agrava, pois muitas vezes a experiência comporta sentimentos contraditórios, como dor e prazer, o que é difícil para o abusado assumir, pois ele se sente na condição de vítima e não olha para sua corresponsabilidade na experiência. A maioria dos abusadores, segundo as pesquisas, são pessoas próximas da família, muitas vezes o próprio genitor, o que faz com que a pessoa tenha sentimentos conflitivos de amor e ódio diante da experiência. Quando o prazer esteve presente na experiência, é essencial admiti-lo sem culpabilidade. Este é um passo importante para a ressignificação.

Lembro-me de uma paciente com transtorno alimentar que buscou a ajuda da Associação Médico-Espírita de Minas Gerais certa vez, e que tinha em sua história um abuso frequente pelo padrasto. Ao mesmo tempo em que o repudiava, o aguardava toda noite, pois havia um prazer no toque e no contato que ela não sabia precisar, mas que fazia parte da experiência. Reconhecer isso foi parte essencial no processo de cura. Essa foi a paciente que melhor respondeu à terapêutica proposta na ocasião de um trabalho em grupo com pacientes com transtorno alimentar.

Então, é necessário que o abusado se veja novamente diante do ato e do abusador, e que ultrapasse a raiva reativa para olhar com respeito para si mesmo e para o outro, devolvendo ao abusador aquilo que lhe pertence.

Em uma visualização criativa, que pode ser feita sozinha, quando a pessoa se sinta apta a tanto, ou com a ajuda de um terapeuta, ela pode olhar nos olhos daquele a quem julga seu algoz e dizer: "Eu também vejo a ti e te dou um lugar de amor e respeito em meu coração. Te devolvo tudo aquilo que lhe pertence e assim mantenho a minha e a sua dignidade. Te devolvo a violência, a invasão, o desrespeito, a crueldade. Elas não me pertencem e decido não seguir com aquilo que não é meu. Estes sentimentos são seus e eu respeito o seu destino. Eu tomo de volta aquilo que me pertence: a inocência, a pequenez, a ingenuidade e a infância que deixei para trás". Então, na sequência, a pessoa pode se ver acolhendo em seus braços a criança ou o adolescente ferido, até que adormeça em paz nos braços do adulto que agora é.

Quando feito com sentimento, presença e respeito, por si mesmo e pelo outro, a pessoa se liberta para uma vida mais livre e plena. Como afirma Joanna de Ângelis, "o que perdoa se liberta, o que é perdoado segue devedor". O abusado reconcilia-se consigo mesmo e se liberta, enquanto o abusador segue responsável pelos seus atos. Aquele que hoje é algoz, amanhã será o dedicado benfeitor que tudo fará para reparar o mal ocasionado, reconciliando-se consigo mesmo e com o outro.

Como outro exemplo, posso citar o caso que narrei no livro *Homossexualidade sob a ótica do Espírito imortal*. Trata-se da história de João, um jovem homossexual que cresceu em uma família homofóbica e aprendeu a introjetar a homofobia, passando a se autorrecriminar e desejando heterosexualizar-se para ser aceito por sua família e seu meio social. Forçou-se, então, a estabelecer um relacionamento com uma jovem, mesmo sabendo que aquilo não era natural para ele. Sabia, mas não aceitava a sua homossexualidade, e tentou, de forma honesta, seguir o caminho que julgou adequado naquele momento. Após anos de relacionamento, que era mais fraternal que amoroso, começaram as pressões pelo casamento e ele, então, desenvolveu *agorafobia* (fobia de espaços públicos, de multidões) e *claustrofobia* (fobia de lugares apertados, fechados). Procurou, então, um processo psicoterapêutico, e com o passar do tempo, percebeu que o lugar fechado que não suportava mais era o padrão heterossexista a que se autoimpunha na aceitação dos padrões sociais; e a multidão que não suportava era a multidão dos seus afetos e desejos reprimidos que requisitavam atenção, pois tudo que é reprimido ganha força no inconsciente. Com certa dificuldade, começou o processo de autoaceitação, foi honesto com sua parceira, compartilhou com ela o que se passava e terminou o relacionamento. Tudo aconteceu não sem conflito, pois sem má intenção havia criado um grande problema para sua vida e para a da parceira, cujos efeitos colheria dali para frente. Com isso, curou-se da fobia, inclusive sem medicações alopáticas, pois essa foi sua escolha.

Também pode acontecer de um indivíduo com crise de pânico estar em sintonia com um membro de seu sistema (pais, tios, avós, entre outros) que vivenciou destino semelhante e ao qual se vincula por um amor cego que repete os padrões e a experiência. Nesse caso, o amor precisa ser explicitado e ressignificado, dando um lugar de amor livre no coração para cada um daqueles de seu sistema que tiveram destino semelhante. O mesmo amor que adoece é o que cura quando reconhecido e demonstrado de forma livre.

Então, por detrás das fobias e do pânico, há muito conteúdo psicoafetivo reprimido, muitos movimentos da alma a serem olhados e reconhecidos, desde as conexões a outros membros da família até os movimentos contidos, sonhos reprimidos, inseguranças e tantos mais que impedem a pessoa de seguir no caminho determinado pelo coração, pelo *self*.

CAUSAS DO PASSADO ESPIRITUAL

Da mesma forma que os sintomas do presente expressam núcleos traumáticos e sentimentos reprimidos desta vida, podem também representar o aflorar de núcleos do passado espiritual arquivados no inconsciente pessoal, nos corpos espirituais (corpo astral e corpo mental inferior).

Certa feita, os terapeutas especializados em *Terapia Regressiva a Vivências Passadas* (TRVP) da AMEMG realizaram um tratamento com pacientes que sofriam de transtorno de pânico sem causa evidente no presente para localizar o possível núcleo traumático no passado espiritual. O que se mostrou foi o seguinte:

Mortes traumáticas e desencarnes difíceis: tanto o momento do nascimento quanto do desencarne são muito importantes para o Espírito. Pessoas que viveram desencarnes difíceis e dolorosos em torturas, sofrimentos agudos intensos ou prolongados e desencarnes súbitos traumáticos (acidentes, por exemplo) podem ter o registro dessa experiência como um trauma no desligamento do perispírito do corpo físico. Esse registro pode aflorar em uma nova encarnação quando a pessoa passa por situação semelhante ou esteja em momento de vida similar ao do passado no qual a circunstância ocorreu, como idade ou momento de vida, estabelecendo uma síndrome de ressonância vibratória com o passado.

Miniaturização para reencarnar: Espíritos que reencarnaram cheios de medo ou de forma compulsória, por necessidade pessoal ou imposição da lei divina, como suicidas em processos de reconstrução perispiritual, Espíritos temerosos da colheita de seu plantio afetivo e espiritual, Espíritos que desejam adiar o progresso, frequentemente veem a reencarnação como morte espiritual e inscrevem em seus corpos espirituais uma marca afetiva que aflora ao longo de toda encarnação ou em momentos específicos. Muito comumente, eles vivenciam vidas curtas, como no caso dos suicidas, seja somente no período fetal ou em curta infância, marcadas por dificuldades orgânicas e mentais de variada natureza, ou vidas longas marcadas pela depressão e pelos sintomas psíquicos decorrentes da postura interna de não aceitação da encarnação e das leis divinas, em franco medo e rebeldia.

Vivências no astral inferior: também ocorre que os Espíritos sofram muito após a desencarnação, pois a vida no mundo espiritual é a continuidade natural da vida que levamos no plano físico, e é colheita exata do que foi semeado ao longo da existência. Espíritos muito materializados e apegados às vivências e condições materiais do corpo físico e suas sensações ficam frequentemente vinculados ao corpo em decomposição, por apego energético e psíquico, vivenciando os horrores da decomposição cadavérica, da vampirização espiritual da vitalidade restante nos despojos físicos e da obsessão espiritual, o que gera um núcleo de trauma no perispírito e no psiquismo que pode aflorar em encarnação subsequente diante de um estímulo suficiente. Do mesmo modo, aqueles que vivenciaram obsessões prolongadas no mundo espiritual, com sevícias e torturas nas regiões inferiores do mundo astral, guardam a memória de tais experiências em seus corpos espirituais, podendo ativá-las ao longo de nova encarnação, bem como as terem ativadas por aqueles que desejam prejudicar-lhes e que conhecem essa realidade.

André Luiz relata, em *Nos domínios da mediunidade*, um caso de um jovem, Pedro, que passou por situação semelhante à descrita acima, de criminalidade e colheita de sofrimento no mundo astral, que ao reencarnar-se trouxe o cérebro físico marcado com os efeitos do que viveu. Tão logo os seus comparsas espirituais se aproximavam dele, atacando-o, e ele reconhecia a vibração inferior, entrava em ressonância com a memória do que foi vivido e tinha uma crise epiléptica, pois o cérebro físico estava já sensibilizado em uma área vinculada a essa patologia. Poderia ter sido uma crise de pânico ou uma fobia simbólica. O mecanismo é o mesmo nesse caso.

André Luiz descreve que o Espírito vinculado ao encarnado se aproxima dele com sentimento de vingança, dizendo: "Vingar-me-ei! Vingar-me-ei! Farei justiça por minhas próprias mãos!... – bradava, colérico"[89]. E, então, explica o benfeitor o que se passa na realidade física e espiritual do jovem Pedro:

---

[89] Francisco Cândido Xavier e Espírito André Luiz, *Nos domínios da mediunidade*, cap. 9.

"Repreensões injuriosas apagavam-se na sombra, porquanto não conseguiam exteriorizar-se através das cordas vocais da vítima, a contorcer-se. Permanecia o cavalheiro plenamente ligado ao algoz que o tomara de inopino. O córtex cerebral apresentava-se envolvido de escura massa fluídica. Reconhecíamos no moço incapacidade de qualquer domínio sobre si mesmo. Acariciando-lhe a fronte suarenta, Áulus informou, compadecido: – É a possessão completa ou a epilepsia essencial. – Nosso amigo está inconsciente? – aventurou Hilário, entre a curiosidade e o respeito. – Sim, considerando como enfermo terrestre, está no momento sem recursos de ligação com o cérebro carnal. Todas as células do córtex sofrem o bombardeio de emissões magnéticas de natureza tóxica. Os centros motores estão desorganizados. Todo o cerebelo está empastado de fluidos deletérios. As vias do equilíbrio aparecem completamente perturbadas. Pedro temporariamente não dispõe de controle para governar-se, nem de memória comum para marcar a inquietante ocorrência de que é protagonista. Isso, porém, acontece no setor da forma de matéria densa, porque, em Espírito, está arquivando todas as particularidades da situação em que se encontra, de modo a enriquecer o patrimônio das próprias experiências."[90]

Processos obsessivos: irradiação mental. Quando há um processo obsessivo que envolva técnicos em magnetismo do mundo astral, pode haver uma irradiação mental e magnética sobre o corpo astral e o cérebro físico do obsediado, em suas áreas de sensibilidade, gerando crises de pânico intencionalmente induzidas. Essas áreas de sensibilidade do períspirito estão vinculadas aos equívocos do passado, como ensina André Luiz em *Evolução em dois mundos*. Essa irradiação mental pode ser de mente para mente ou pode ser realizada por meio de aparelhagens específicas, com o uso de ovoides, Espíritos que perderam a forma e estão cristalizados no mal e no

---

[90] *Ibidem.*

ódio, a funcionarem como uma fonte de irradiação mental perturbada, concentrada, que pode ser ainda intensificada pelo poder mental do Espírito e ser direcionada ao encarnado invigilante, que abre a guarda mental, oferecendo sintonia e acesso livre à perturbação espiritual.

TRATAMENTO ESPIRITUAL

Em todos esses casos de fobias e transtornos de pânico de causa psicoafetiva, e nos demais, é muito útil a fluidoterapia espírita: o passe, a água magnetizada, a oração e a evangelhoterapia.

O passe e a água magnetizada carreiam recursos de equilíbrio que harmonizam os corpos físicos e os espirituais, hipnotizando, momentaneamente, as células no seu reequilíbrio, enquanto o indivíduo busca a renovação dos padrões mentais e emocionais no plano causal.

Esse magnetismo humano e espiritual é igualmente benéfico no tratamento dos núcleos de memória traumática registrados no corpo espiritual que podem ser dessensibilizados pela intervenção magnética direcionada e competente de Espíritos com conhecimento de causa.

A oração promove uma sintonia imediata com os planos superiores, quando realizada com espontaneidade e sentimento firmes, alcançando níveis de socorro inimagináveis que só a misericórdia de Deus pode proporcionar, tanto para o indivíduo quanto para outrem. Por isso, é útil também que os familiares e amigos de pacientes portadores de pânico e fobias orem por eles e pelos Espíritos a eles vinculados, pois essa prece sincera e amorosa pode realizar grandes efeitos. Ela não substitui o esforço essencial do outro, mas o ampara e o fortalece para realizar o que for necessário.

As leituras edificantes e a frequência em atividades de reunião pública ou grupos de estudo auxiliam muitíssimo a reeducação para a vida e fortalecem o ser na convivência social, seja com pessoas com o mesmo desafio, seja no alargamento dos laços afetivos que dão sustentação à vida.

A evangelhoterapia promove a modificação dos padrões do pensamento e do sentimento do Espírito, permitindo que ele se renove para a vida, o que constitui a verdadeira cura, como vemos em toda esta obra.

À fluidoterapia se associa o tratamento desobsessivo que ampara os Espíritos vinculados ao indivíduo com o mesmo amor que o encarnado merece, e muitas vezes com um amor ainda maior, pois aqueles que estão obsessores frequentemente são as nossas vítimas do passado que agora buscam desforra com as próprias mãos e são merecedoras do carinho da oração e das melhores vibrações de paz a fim de que se recomponham na vida com o auxílio espiritual necessário. Muitos enfermos só encontram paz duradoura e alívio sintomático quando aqueles aos quais perturbaram no passado espiritual encontram igualmente a paz, na reconciliação essencial.

De nada adianta apenas afastar o Espírito se o encarnado não se renova para a vida. A verdadeira desobsessão acontece com a ressintonização com o bem, com a reconciliação essencial entre os envolvidos, e a reconciliação significa um lugar de amor para tudo e para todos no coração. Não mais serão vítima e algoz, mas parceiros de infortúnio, agora unidos nos laços sagrados dos esforços de reequilíbrio e reconexão com o bem, para a paz duradoura.

CONFIANÇA

Analisando o transtorno de pânico e as fobias na perspectiva da saúde da alma, vemos que eles são sintomas de uma insuficiência momentânea em que o Espírito está desconectado de si mesmo e da vida, na falta de fé.

A desconexão de si mesmo vai desde a repressão de conteúdos até as inibições da individualidade, da singularidade e da guiança do coração determinadas pelas defesas do ego e pelos traumas acumulados e sustentados na intimidade da alma. Essencial, pois, é a reconciliação consigo mesmo, no estabelecimento de paz e amorosidade na relação com os próprios conflitos, contradições, carência e história de vida. Tudo está certo como está. Cada um tem a história que necessitava ou que construiu e, portanto, digna de ofertar elementos de crescimento e progresso, ainda que pelas vias da dor.

É preciso desenvolver a confiança em si mesmo, na família, no sistema de que faz parte e que contém todos os elementos necessários para a alma. Não se trata de falta, trata-se de uma mudança de visão, de postura, de interpretação. E, então, a vida se transforma.

O sentimento de insuficiência não é uma realidade, é uma exigência. Representa um desejo de que as coisas e as pessoas sejam diferentes do que são e, portanto, obstaculiza a realidade, pois se baseia em uma fantasia. Quando se aceita as pessoas e as circunstâncias como são, pode-se olhar para as soluções. Só há paz na alma quando esta se encontra reconciliada com a vida.

A fé decorre da confiança e ela gera a entrega a um poder e guiança suprema que conduz a vida com amorosidade incondicional e sabedoria suprema. Despertar a fé é decidir pela reconciliação com o Criador, revendo as crenças negativas e falsas a seu respeito e estabelecendo um espaço íntimo de comunhão, de intimidade e de força. Quando a alma confia, segue nos caminhos do coração, não sem medo, mas com coragem, com a guiança do coração. A fé legítima não nasce da noite para o dia, ela é fruto de experiências reiteradas de entrega e aproximação do Pai nos caminhos da vida.

Quando o Espírito se reconecta à fé, redescobre a fonte interior fecunda e infinita e pode seguir em paz, pois se reconhece fruto de um grande todo sábio e amoroso que sempre o conduzirá para o melhor, ainda que nas experiências de colheita dos equívocos do passado.

Paulo assevera com profundidade: "Vigiai, permanecei firmes na fé, sede corajosos, sede fortes" (1 Coríntios, 16:13). E Emmanuel, comentando a assertiva, ensina e arremata:

> "Vigiai na luta comum. Permanecei firmes na fé, ante a tempestade. Portai-vos varonilmente em todos os lances difíceis. Sede fortes na dor, para guardar-lhe a lição de luz. Reveste-se o conselho de Paulo aos coríntios, ainda hoje, de surpreendente oportunidade. Para conquistarmos os valores substanciais da redenção, é imprescindível conservar a fortaleza de ânimo de quem confia no Senhor e em si mesmo."[91]

---

[91] Francisco Cândido Xavier e Espírito Emmanuel, *Fonte viva,* cap. 90.

VISUALIZAÇÃO DE AUTOPROTEÇÃO[92]

Busque um local confortável e privativo, onde não seja interrompido(a). Respire profunda e suavemente, expirando no dobro do tempo da inspiração. E à medida que você inspira e expira, você relaxa. Suavemente. Protegidamente. E mergulha dentro de si mesmo, cada vez mais profundamente.

Neste estado, visualize uma cerca se formando ao seu redor, do material que desejar ou que lhe aparecer espontaneamente. Ela o envolve totalmente sem lhe apertar, confortavelmente, protegidamente. Visualize um portão nessa cerca, com fechadura apenas do lado de dentro. Isso significa que só você abre esse portão e só entra o que você permitir, só sai o que você autorizar.

Aí dentro você vivencia um espaço de individualidade, privacidade e proteção. Visualize aí, às suas costas, o seu pai e a sua mãe biológicos. Seu pai à sua direita e sua mãe à sua esquerda. Ambos colocam as mãos sobre os seus ombros e você pode sentir a força que provém deles e através deles, de todos os que fazem parte de sua família, de seu sistema.

Permaneça aí, sentindo essa força que te envolve e te preenche de confiança e de sustento para a luta.

Visualize uma luz azul clara descendo do alto e envolvendo todo o interior dessa cerca, a você e aos seus pais, do topo da cabeça à planta dos pés, te enchendo de paz, de tranquilidade e de segurança.

- 92 - Você pode gravar essa meditação com voz suave e pausada em seu celular e ouvi-la com um fone, ou pode pedir a outra pessoa que a leia para você, como preferir. Caso prefira, pode acessá-la na voz do autor usando este QRCODE.

• 125 •

Você respira essa luz profundamente e permite que ela se transmita a cada parte de seu corpo e de sua mente.

E assim, você reconhece que esse espaço é seu e somente seu, preenchido pela força que vem da sua fonte, seus pais, e do alto, do Pai. Você pode deixar que essa cerca lhe envolva durante todo o dia ou pode voltar aí quantas vezes desejar, para se resguardar e se alimentar de força e confiança.

Respirando profundamente você retorna ao aqui e ao agora, lentamente, no seu tempo, protegidamente.

7
DEPRESSÃO: UM CHAMADO DA ALMA

> "A cada dia que vivo, mais me convenço de que o desperdício da vida está no amor que não damos, nas forças que não usamos, na prudência egoísta que nada arrisca e que, esquivando-nos do sofrimento, perdemos também a felicidade."
>
> Mary Cholmondeley

A **depressão é a segunda** doença mental mais prevalente no mundo, ficando atrás apenas da ansiedade, e afeta de 2 a 19% da população mundial. Ela é responsável por 30% das consultas em qualquer especialidade médica, devido aos inúmeros sintomas físicos e emocionais que produz, que levam a pessoa ao médico ou a outro profissional da saúde, muitas vezes sem sequer suspeitar do que realmente se trata.

TRISTEZA

Frequentemente, confunde-se tristeza com depressão. A tristeza é uma emoção natural, que deve ser vivida e que produz um movimento na alma. Quando olhamos para o que a nossa tristeza revela, caminhamos no sentido do autodescobrimento, da autossuperação e do autodomínio, essenciais no processo evolutivo. Exemplo disso acontece no luto, quando a tristeza natural nos ajuda no processo de adaptação e desapego fundamentais para o estabelecimento de novos ciclos e fases de crescimento pessoal.

Vivemos uma era de grande desafios emocionais. A crise de valores éticos e a desconexão consigo mesmo e com a vida leva o ser humano a sentir-se desamparado e a encarar as emoções como inimigas, buscando anestesia. Muitas pessoas buscam os consultórios médicos desejando medicar a tristeza com antidepressivos e ansiolíticos, em um processo de alienação de si mesmos. Certamente há medicações que podem ajudar a viver uma fase de luto, por exemplo. No entanto, a tristeza não é depressão e necessita ser vivida, sentida e superada, dando lugar a uma nova fase de alegria, que também passará, por sua vez, dando lugar a outra fase de tristeza, assim como a natureza possui as estações do verão e do inverno que se sucedem , gerando movimento e vida.

SINAIS E SINTOMAS

A depressão é muito mais profunda que a tristeza e se caracteriza pelos seguintes sintomas, segundo o CID10 (Código Internacional de Doenças) e o DSM4 (Manual de Diagnóstico e Estatística em Saúde Mental):

- Estado deprimido: sentir-se deprimido a maior parte do tempo, por pelo menos 2 semanas.
- Anedônia: interesse diminuído ou perda de prazer para realizar as atividades de rotina.
- Sensação de inutilidade ou culpa excessiva, que acometem a grande maioria dos pacientes.
- Dificuldade de concentração: habilidade frequentemente diminuída para pensar e concentrar-se.

- Fadiga ou perda de energia.
- Distúrbios do sono: insônia ou hipersônia praticamente diárias.
- Problemas psicomotores: agitação ou retardo psicomotor.
- Perda ou ganho significativo de peso, na ausência de regime alimentar.
- Ideias recorrentes de morte ou suicídio (o que caracteriza, por si só, depressão grave).

A etiologia (causa) da depressão, segundo a medicina, é multifatorial, podendo envolver fatores genéticos, bioquímicos (deficiência de neurotransmissores específicos), hormonais e psicossociais. Pode ser primária, sem fatores orgânicos que a expliquem, ou secundária, quando consequência de alguma doença, como o hipotireoidismo.

Dentre as causas biológicas possíveis da depressão primária, podemos citar uma dieta deficiente em aminoácidos específicos necessários para a formação dos neurotransmissores, a falta de atividade física (que produz endorfinas, substâncias responsáveis pela sensação de prazer) e de banho de sol (responsável pela formação de vitamina D e pela vitalidade orgânica).

Do ponto de vista psicoespiritual, sabemos que o Espírito controla o corpo por meio das correntes de pensamento e sentimento que atuam no universo subatômico, ativando genes e controlando o seu funcionamento, como explica o benfeitor André Luiz. Isso tem sido confirmado pelas mais recentes pesquisas no campo da epigenética, que demonstram que uma série de moléculas presentes na membrana celular e no núcleo, bem como no citoesqueleto do citoplasma, atua regulando a expressão dos genes e, consequentemente, a vida orgânica. Somente 20% dos genes estão permanentemente ativados. Os outros 80%, dentre os quais se encontram os genes da depressão, precisam ser ligados e desligados por complexos mecanismos biomoleculares que controlam a célula. Tais moléculas são formadas no organismo pela interação dos sistemas, ou são advindas da dieta e das substâncias ingeridas ou absorvidas pelo organismo. Dessa forma, o indivíduo não é escravo de sua genética, mas senhor de seu corpo, controlando-o através dos padrões de pensamentos e sentimentos, conscientes ou inconscientes, que atuam no universo atômico ajustando as moléculas reguladoras da genética celular.

CAUSAS PSICOESPIRITUAIS

Precisamos, portanto, conhecer esses padrões psicoespirituais que estão na base do processo depressivo. Segundo a benfeitora Joanna de Ângelis, podemos enumerar algumas posturas da alma que causam a depressão:

1. Nostalgia devido a vivências felizes ou perdas de bens, dádivas de prazer e júbilos

Quando ficamos presos ao que já passou, negando-nos a desapegar, adaptar ou crescer, pode-se estabelecer na alma um processo de fixação doentia no passado, de natureza autodestrutiva, já que a vida é crescimento e expansão contínuos. Isso vai desde a fixação em relacionamentos, fases felizes, vidas passadas e experiências traumáticas até a recusa a desapegar-se de padrões, na tentativa ilusória de manter a permanência em um universo impermanente, em contínua expansão.

Muitas vezes o que há é uma postura de rebeldia espiritual, em que o indivíduo deseja fazer a vida à sua maneira, sem compreensão das leis do universo. Por detrás dessa postura, há uma voz consciente ou inconsciente que diz: "já que não tenho a vida que quero, não aceito a vida que tenho". Boa parte das pessoas lida com a vida e com Deus como se o Pai fosse mordomo e devesse servir a seus filhos em vez de educá-los. Exigem, chantageiam, solicitam, e se a vida não oferece o que foi pedido, da maneira como foi pedido, então se revoltam, às vezes silenciosamente, fechando-se para o movimento de expansão e adaptação necessário ao progresso. Esquecem-se de que a vida é abundância de amor e recursos, sempre pronta a ofertar o necessário e o essencial. No entanto, frequentemente pedimos à vida o que desejamos, distante do essencial, e, assim, nos desconectamos da própria alma. O desânimo, base da depressão, significa desconexão com a alma (*anima*, do latim). É necessário, portanto, reconhecer que vida não erra endereços e que estamos todos mergulhados no amor divino incondicional, que nos conhece intimamente. Quando as experiências da vida nos visitam, elas vêm atraídas por nossas necessidades, desejos e posturas interiores (que estão na possibilidade de nosso controle), ou estabelecidas pelo planejamento reencarnatório sábio que objetiva nosso amadurecimento espiritual. Convém aprendermos isso a fim de aceitar a sabedoria da vida e seguir o fluxo do amor que nos quer despertar para a vida infinita.

2. Prisão no sentimento de piedade por si mesmo, falta de fé em si mesmo e em Deus

O vitimismo é o caminho mais rápido para o fundo do poço. Acreditar que os responsáveis pela nossa infelicidade são outros que não nós mesmos nos leva a um estado de paralisia do afeto e do crescimento pessoal. Ninguém pode nos afetar sem nosso consentimento. Porque os outros agem como desejam, mas nós interpretamos os fatos conforme os valores e a significação que eles significam para nós. Como afirma Nietszche: "Não existem fatos, mas interpretações". Quando mudamos a forma de olhar a vida, a vida se renova. Se nos damos o que é essencial, o amor profundo, e nos olhamos com o olhar de amor do Criador, as circunstâncias podem nos abater, mas nada pode nos paralisar. Há que se acreditar em si mesmo e ver-se como um digno filho de Deus, cheio de potencialidades e recursos. Se a culpa se instalar, é fundamental evitar o remorso, filho do orgulho, que paralisa a alma levando ao sofrimento desnecessário e à depressão, e abrigar na alma o arrependimento, filho da humildade, que leva à reparação, por meio do bem, e ao amadurecimento.

3. Fechamento em si mesmo como defesa para não fazer contato com suas dores

As feridas da alma doem de qualquer maneira. Fugir delas não nos isenta de sentir o seu efeito. Quando não encaramos as nossas feridas, elas doem aprofundando. Quando as encaramos e cuidamos de nós mesmos, elas doem cicatrizando. Somos nós quem escolhemos a dor que mata ou a dor que cura.

4. Consequências de movimentos de castração ou repressão, tristezas, incertezas, medos, ciúmes e ansiedades estão na base do processo

Os sentimentos de falta, posse e ciúmes são expressões superficiais do ego para as quais a psicoterapia encontra recursos de amparo, promovendo o perdão (sem o qual não há cura) e o autodescobrimento. No entanto, quando olhamos para o que é essencial na alma, só há lugar para um sentimento: gratidão. Independente do que foi vivenciado na vida, temos tudo o que necessitamos, somos capazes de autossuperação e autodomínio. Se honramos a vida que vibra em nós, nos curvamos, gratos, diante das fontes que a ofertaram, os nossos pais biológicos, e enxergando o seu amor, podemos nos abastecer do que é essencial. Quando a árvore está enraizada no solo, suporta a tempestade e produz com abundância. Nossos pais são o solo da vida, amor que representa o amor de Deus junto a nós. Ainda quando tenham nos ferido, nos deram a vida, que é infinita e suficiente. Se olhamos para essa vida e esse amor, ficamos com o que é essencial, e desistindo da crítica e do vitimismo, encontramos a força, o vigor e a alegria de viver.

5. Negação do amor e exigência de ser amado

A carência afetiva é consequência da desconexão com nós mesmos e com Deus. O amor que nos faz falta não é o amor que não se tem, e sim o que se retém na intimidade da alma. O amor é a estrutura da vida, ele vibra em nós como natureza. Está oculto no mais profundo de nós mesmos como o diamante no seio da terra. Há que se cavar as camadas de ego que o ocultam, permitindo que ele venha à tona brilhar a luz de Deus que há em nós, de maneira singular e efetiva. O amor que vem de fora é atraído pelo amor que nasce de dentro.

Além dessas (e muitas outras) causas, acrescentamos os fenômenos obsessivos espirituais que podem causar ou agravar a depressão. Como a mente é uma antena que emite e capta ondas específicas, de acordo com o livre-arbítrio do Espírito, estamos a todo momento conectados àqueles que se afinizam e se sintonizam conosco, não só pela onda mental irradiada, mas, sobretudo, pelo sentimento cultivado na alma. Estes funcionam como ganchos psíquicos que nos conectam aos Espíritos que sentem da mesma forma que nós ou que manipulam nossa mente e vida emocional a serviço de vinganças, inveja ou desejo de poder. Para vencer a obsessão, o caminho é o do autoconhecimento e o da renovação moral, que modificam nossa sintonia com a vida.

TRATAMENTO

O tratamento da depressão envolve uma dieta equilibrada, banho de sol de 10 a 15 minutos diários, exercícios físicos (muitas vezes grande desafio para o deprimido, que não consegue nem sair da cama ou de casa, e que necessitará do apoio da família e amigos para tal), uso de medicações específicas e psicoterapia, bem como o tratamento espiritual.

As medicações antidepressivas atuam no sistema nervoso central influenciando as sinapses, a comunicação entre os neurônios, fazendo com que o nível de neurotransmissores se altere, modificando o humor. São recursos necessários na depressão moderada grave (a leve pode ser tratada somente com psicoterapia), que aliviam e dão condições ao enfermo de beneficiar-se do bem-estar físico que possibilita o melhor aproveitamento para o trabalho psicológico de autoconhecimento e autossuperação, para estabelecer a cura.

A psicoterapia deve ser aquela que ajuda o homem a sair do vitimismo e a assumir a vida com consciência de seu poder real, o do afeto, ajudando-o a se conectar com o amor real e essencial.

O tratamento espiritual envolve a renovação moral, e o indivíduo pode beneficiar-se da fluidoterapia através dos passes que renovam as energias do corpo físico e do perispírito, e da água fluida, que se transforma em medicamento salutar ofertado pelos bons Espíritos em nome de Deus.

Beneficiando-se de tudo isso, o homem poderá compreender que a depressão é um estado passageiro de desconexão com a alma e com o amor, que convida o ser à autotransformação pelo poder do amor. O estado natural do homem é o da alegria de viver, em sintonia com a abundância do universo e com o amor incondicional do Pai. Perante isso, só cabe o esforço de fazer da vida a melhor possível, no cumprimento dos deveres e no crescimento contínuo, abrigando na alma a postura da gratidão, com humildade e louvor, dizendo para a vida: "Seja feita, Senhor, a sua sábia e amorosa vontade".

CONSELHOS ÚTEIS PARA NÃO ENTRAR EM DEPRESSÃO

por Adenáuer Novaes, psicólogo.

1. Desenvolva e utilize sua intuição.
2. Apoia-se na certeza de que existe saída para todo e qualquer problema.
3. Lembre-se de que há algo a fazer para resolver seu problema sem necessariamente entrar em depressão.
4. Nunca se esqueça de que a depressão está relacionada com o sentido de sua vida.
5. Faça uma busca espiritual profunda.
6. Não entregue exclusivamente à religião a solução de seu problema, pois sua determinação é fundamental nesse sentido.
7. Duvide de soluções fáceis.
8. Utilize sempre a oração e a meditação simultaneamente.
9. Não use a tristeza, a melancolia ou o isolamento afetivo como pretextos, desculpas ou motivo para nada.
10. Utilize medicação somente quando prescrita e como último recurso.
11. Leia pelo menos um livro que melhore seu humor, que eleve sua autoestima e traga ensinamentos edificantes.
12. Verbalize suas emoções para alguém.
13. Tenha certeza de que você não é vítima.
14. Não alimente ideias em torno da autopiedade.
15. Pense na depressão como um desafio a ser vencido que não está acontecendo para puni-lo.
16. Sinta-se acompanhado por forças espirituais positivas, mesmo que pareça o contrário.
17. Recupere seu senso de humor, em que pese a falta de ânimo, pois os outros não têm culpa de seu estado.

18. Lute como gigante contra o dragão interno da desmotivação.
19. Não coloque um problema como sendo maior do que sua própria vida.
20. Sintonize com os bons Espíritos que querem seu sucesso.
21. Viva cada dia o seu momento, consciente de que as coisas são resolvidas com paciência e entusiasmo.
22. Faça uma caridade anônima, sentindo que fazer o bem faz bem.
23. Não acolha pensamentos derrotistas nem suicidas, a vida presente vale mais do que a futura.
24. Escolha pelo menos uma pessoa para ser sua âncora e seu conselheiro.
25. Determine um prazo para fazer alguma mudança em sua vida
26. Confie que Deus quer o melhor para você."[93]

---

[93] Adenáuer Novaes, *Alquimia do amor: depressão, cura e espiritualidade*, p. 249-250.

PARTE III

> "Trazei depressa a melhor roupa; e vesti-lho, e ponde-lhe um anel na mão, e alparcas nos pés (...) Porque este meu filho estava morto, e reviveu, tinha-se perdido, e foi achado. E começaram a alegrar-se".
> Lucas, 15:22-24

A RECONEXÃO
CRIATURA-CRIADOR

8
AUTOAMOR: RECONCILIAÇÃO COM O DIVINO EM SI

> "Amar-se é ir ao encontro de si mesmo."
>
> Carl Gustav Jung

Não há maior cisão que o rompimento consigo mesmo, que a desconexão com a própria essência e com o ser real.. Reconciliar-se consigo mesmo é acolher o ser inteiro, integral, cheio de lutas, dores, conquistas e valores que compõem a realidade de cada filho de Deus. É aceitar-se parte integrante da Criação, falível e perfectível, latente e potente, na dualidade luz e sombra que caracteriza todo ser em crescimento e progresso. É render-se, renunciando ao desejo de controle da vida, das pessoas e circunstâncias, abrindo mão do narcisismo e do egocentrismo para entregar-se ao fluxo do amor e da sabedoria divina que se expressam na grandeza da humildade e da intuição de conhecimento, que conduzem o ser para as realizações superiores.

Tivemos ocasião de abordar essa temática na obra *Autoamor e outras potências da alma*, escrita em parceria[94] com o benfeitor Dias da Cruz. Após o lançamento do livro, sintetizamos o que é apresentado nele no gráfico abaixo, o qual ampliamos, aqui, em explicações complementares àquelas encontradas na obra.

- 94 -   A primeira metade da obra foi escrita por mim, Andrei Moreira, por indicação de Dias da Cruz, e ele psicografou a segunda parte, em um processo de escrita do qual fui o médium.

Podemos definir o autoamor, esse encontro consigo mesmo, como um movimento que leva o ser a um mergulho em direção ao centro, ao *self*, onde vibra a força da essência e que pode ser escalonado em diferentes estágios ou etapas, sem o restringir ou limitar, já que distintas definições podem ser ofertadas sobre ele por outros autores.

ALEGRIA DE ALMA

No ponto mais superficial da pirâmide do autoamor, temos os prazeres, as alegrias e as satisfações. Muitas pessoas pensam que amar a si mesmo é buscar os prazeres fáceis, esquecendo-se das lutas e dos deveres, anestesiando o coração e a mente. Não é esse o prazer que compõe o autoamor.

As satisfações de alma são aquelas que alimentam o afeto, o coração, fazendo com que a alegria genuína venha à tona, sem acarretar risco ou prejuízo para o ser. Para cada um isso representará um movimento distinto, no caminho daquilo que enche os olhos, aquieta o coração e asserena a alma, alimentando-a de força e vigor para as atividades do dia a dia.

Para uns será a leitura de um livro, para outros a convivência com um afeto, a ida a um cinema ou uma saída com amigos para um bom papo e distração que desanuvie a mente e aqueça o coração.

Nesse campo, é importante salientar o papel dos exercícios físicos no bem-estar orgânico e emocional das pessoas. As atividades aeróbicas liberam endorfinas e atuam na formação e na liberação de serotonina e outros neurotransmissores diretamente responsáveis pelo bem-estar. Além de proporcionar um ótimo efeito no controle dos fatores de risco metabólico, como a obesidade, a hipercolesterolemia, a hipertensão e a hiperglicemia, os exercícios físicos promovem convívio social e alegria, como afirmado no capítulo anterior.

A dieta também representa um elemento importante no autocuidado. Para que o corpo funcione adequadamente, é necessário que cada um se alimente de acordo com sua constituição e necessidades, com uma atenção na qualidade e na quantidade do que é ingerido. Mas, não é apenas a dieta física que afeta o ser. Somos o que consumimos. Tudo aquilo que comemos, bebemos, ouvimos, lemos ou assistimos nos compõe e nos constrói ou destrói. Acho curioso as pessoas se encherem de programas televisivos que apresentam intrigas, calúnias, brigas e confusões alheias e não entenderem por que ficam reativas, deprimidas, angustiadas... A vida já não tem tragédias pessoais e desafios suficientes?

Vale a pena refletirmos no que consumimos, pois o que há em nós de semelhante ao que vemos virá à tona e se fortalecerá na personalidade ou emergirá do inconsciente trazendo novos — e por vezes desnecessários — dramas existenciais. Cultivemos e consumamos o belo e o bem! Trata-se de livre-arbítrio. O que semear em si mesmo e ao seu redor, isso colherá.

AUTOCUIDADO E AUTOPERDÃO: ACOLHENDO A PRÓPRIA SOMBRA

"Que eu faça um mendigo sentar-se à minha mesa, que eu perdoe aquele que me ofende e me esforce por amar — inclusive o meu inimigo — em nome de Cristo, tudo isto, naturalmente, não deixa de ser uma grande virtude. O que faço ao menor dos meus irmãos é ao próprio Cristo que faço. Mas, o que acontecerá, se descubro, porventura, que o menor, o mais miserável de todos, o mais pobre dos mendigos, o mais insolente dos meus caluniadores, o meu inimigo, reside dentro de mim, sou eu mesmo, e precisa da esmola da minha bondade, e que eu mesmo sou o inimigo que é necessário amar?"[95]

---

[95] Carl Gustav Jung, *O homem e seus símbolos*, Nova Fronteira, 2008.

Reconciliar-se consigo mesmo, no acolhimento da própria sombra, no autocuidado generoso e no autoperdão essencial é caminho de paz para o coração e de força para a vida. O autoamor guia o processo de autoacolhimento, pois é o movimento que leva à valorização de si mesmo como uma criação divina, criada pelo amor e para o amor, e que merece ser amada simplesmente por existir, independentemente das circunstâncias, assim como faz Deus com cada um de seus filhos. Esse acolhimento generoso não representa conivência com as dificuldades, vícios ou defeitos da personalidade; antes, representa renovação ativa.

Renovação implica em consciência e comprometimento. Quando o autoamor guia o ser em sua análise interior, leva-o ao acolhimento da dualidade humana, luz e sombra, e dos seus sentimentos paradoxais, sem escravidão ao impulso do desejo e dos automatismos atávicos nem rigidez autopunitiva na análise das limitações. A renovação se dá com ternura, disciplina e perseverança que mudam hábitos e padrões, despertando potenciais luminosos e forças desconhecidas no caminho da autossuperação.

Esse movimento de análise sem julgamento moral leva o indivíduo a acolher em si aquilo que ainda não foi amado, reconhecido ou que ainda não se manifestou bem, como as virtudes não despertadas e os sintomas e expressões de sua ausência e do vazio interior, a que chamamos vícios ou defeitos morais. Tudo isso compõe o que a psicologia analítica junguiana classifica como *sombra*, parte integrante do inconsciente pessoal de todo ser humano.

Quando o movimento de acolhimento da sombra é realizado e o Espírito encarnado passa a amar a sua humanidade, estende ao próximo esse mesmo olhar, com generosidade:

> "As pessoas, quando educadas para enxergarem claramente o lado sombrio de sua própria natureza, aprendem ao mesmo tempo a compreender e amar seus semelhantes. Uma diminuição da hipocrisia e um aumento do autoconhecimento só podem resultar numa maior consideração para com o próximo, pois somos facilmente levados a transferir para nossos semelhantes a falta de respeito e a violência que praticamos contra nossa própria natureza."[96]

Há sempre beleza quando olhamos para nós mesmos, para o outro e para a vida com um olhar de humanidade. Para além das idealizações, dos estereótipos e das máscaras, vivem e brilham histórias de um amor imperfeito, de sonhos inacabados, de esforços de completude e anseios de realização.

Revezam-se no palco de nossas personalidades personagens heróicos e figuras carentes, mitologia, drama e comédia, em uma procura infinda por sentido, significado, prazer e transcendência.

Sendo ao mesmo tempo expectadores e autores de nossa própria história humana de natureza divina, ou de nossa história divina em natureza humana, aprendemos a louvar a perfeição da imperfeição e a grandeza da pequenez e da singularidade de cada ser. E assim a vida flui, sempre para o mais...

---

[96] Carl Gustav Jung, *Obras completas de Carl Gustav Jung*, vol. VII/1, p. 8.

ESFORÇO E CONQUISTA

Para que haja o processo de transformação e para que aconteçam as conquistas da superação pessoal, é necessário olhar para o que atua por detrás daquilo a que chamamos *defeitos* ou *dificuldades*, analisando as causas e ativando a vontade. Isso naturalmente requer de cada ser a disciplina da autoanálise e a disposição para encarar um processo de trabalho interior que demanda tempo, esforço e dedicação.

Segundo Jung, "Não há transformação de escuridão em luz, nem de inércia em movimento, sem emoção."[97]

O primeiro passo na reconciliação pessoal é ter a coragem de olhar para si e reconhecer o que necessita ser amado e aceito, ativando a vontade para o esforço de renovação essencial. A vontade é núcleo divino e superior que movimenta a vida. Ensina Emmanuel que:

> "A vontade, contudo, é o impacto determinante. Nela dispomos do botão poderoso que decide o movimento ou a inércia da máquina. O cérebro é o dínamo que produz a energia mental, segundo a capacidade de reflexão que lhe é própria; no entanto, na vontade temos o controle que a dirige nesse ou naquele rumo, estabelecendo causas que comandam os problemas do destino. Sem ela, o desejo pode comprar ao engano aflitivos séculos de reparação e sofrimento, a Inteligência pode aprisionar-se na enxovia da criminalidade, a Imaginação pode gerar perigosos monstros na sombra, e a memória, não obstante fiel à sua função de registradora, conforme a destinação que a Natureza lhe assina, pode cair em deplorável relaxamento. Só a vontade é suficientemente forte para sustentar a harmonia do Espírito.

---

[97] Carl Gustav Jung, *Os arquétipos e o inconsciente coletivo*, vol. 9/1, p. 179.

Em verdade, ela não consegue impedir a reflexão mental, quando se trata da conexão entre os semelhantes, porque a sintonia constitui lei inderrogável, mas pode impor o jugo da disciplina sobre os elementos que administra, de modo a mantê-los coesos na corrente do bem."[98]

Em *O livro dos Espíritos*, aprendemos:

"909. *Poderia sempre o homem, pelos seus esforços, vencer as suas más inclinações?* Sim, e, freqüentemente, fazendo esforços muito insignificantes. O que lhe falta é a vontade. Ah! Quão poucos dentre vós fazem esforços!

910. *Pode o homem achar nos Espíritos eficaz assistência para triunfar de suas paixões?* Se o pedir a Deus e ao seu bom gênio, com sinceridade, os bons Espíritos lhe virão certamente em auxílio, porquanto é essa a missão deles.

911. *Não haverá paixões tão vivas e irresistíveis, que a vontade seja impotente para dominá-las?* Há muitas pessoas que dizem: Quero, mas a vontade só lhes está nos lábios. Querem, porém muito satisfeitas ficam que não seja como "querem". Quando o homem crê que não pode vencer as suas paixões, é que seu Espírito se compraz nelas, em conseqüência da sua inferioridade. Compreende a sua natureza espiritual aquele que as procura reprimir. Vencê-las é, para ele, uma vitória do Espírito sobre a matéria."[99]

Quando o homem diz que quer sem verdadeiramente querer, atende a um impulso de adaptação ao seu meio social e moral, comportando-se como julga que deve ser para ser aceito e fazer parte do meio, sem ameaça ao pertencimento. Isso cria os comportamentos

---

· 98 · Francisco Cândido Xavier e Espírito Emmanuel, *Pensamento e vida*, cap. 2, p. 5.
· 99 · Allan Kardec, *O livro dos Espíritos*, questões 909 a 911.

hipócritas nos quais há dissociação entre discurso e ação e que não auxiliam o ser na reconciliação consigo mesmo ou com seu próximo, em nível profundo. Nesse caso, é importante olhar para aquilo que sustenta a vontade em um padrão.

Um passo ainda mais profundo é a coragem de olhar para onde olha o seu amor quando age desta ou daquela maneira. Muitos hábitos, padrões e atitudes são sustentados em forte vinculação amorosa com encarnados e desencarnados que fazem parte de nosso sistema pessoal, na atual encarnação ou em experiências transatas.

Então, quando cessamos de classificar moralmente algo como *certo* ou *errado*, podemos olhar para aquilo que atua em nós, sem classificação, e veremos que há, na maior parte das vezes, uma intenção positiva por detrás de uma atitude. Na grande maioria das vezes, essa positividade é autorreferenciada e sustentada pelo egoísmo que olha somente para o seu bem-estar, no entanto, ainda aí se quer algo bom para si. Sem generalizar, mas no esforço de ampliar a visão do tema, observamos que mesmo nas posturas autodestrutivas podemos ver que o indivíduo quer algo para si. Frequentemente, uma demonstração de pulsão de morte, em um nível mais profundo, pode significar a vinculação de amor com um afeto desencarnado, alguém que já se foi, um dos genitores falecidos ou algum antepassado, ou, ainda, com um Espírito desencarnado. Nesses casos, no nível superficial se apresenta um uso ou abuso de substância, um impulso suicida, uma depressão episódica ou recorrente, um comportamento de risco ao volante ou um abuso de alimento ou atividade física. Mas, no nível da alma, por detrás desse comportamento, vigora um vínculo de amor que diz: "Eu te amo tanto que eu te sigo na morte", ou ainda "Eu te amo tanto que eu sigo para a morte junto a ti".

Por detrás de muitos sintomas e adoecimentos há vínculos profundos de amor que levam o ser, inconscientemente, para a morte, para estar com aqueles que ama e aos quais se vincula com força maior que a força da própria vida. Um exemplo frequente nos consultórios é o vínculo de mães e pais com seus filhos abortados, espontaneamente ou provocados. Sempre que há vida, há vínculo, e por detrás de muitos processos depressivos incuráveis, tratados com as melhores terapêuticas farmacológicas e intervenções psicológicas, está o vínculo de amor que leva o indivíduo a desejar estar junto daquele que está excluído de seu sistema e de seu coração, embora a eles pertença por direito[100]. Nesse caso, é necessário olhar para esse amor e para esse vínculo e ressignificá-lo em um movimento de vida. Ao invés de dizer na alma "Eu te amo tanto que caminho para a morte junto de ti", a pessoa pode dizer, olhando para o seu amor profundo: "Eu te amo tanto que vou viver a minha vida com tamanha alegria de forma que eu honre não só a mim, mas também a você que segue comigo, vivo, em meu coração".

Esse movimento, associado à constatação da dor que lhe traz a falta daquele filho amado, dando a ele um lugar permanente em seu coração e família, traz uma libertação profunda. Se o aborto foi provocado, a esse movimento se soma o olhar para o filho, na constatação da dor que lhe causa a sua perda e a sua agressão a ele, sem culpa destrutiva, mas com um sincero movimento na alma que diz: "Sinto muito". Temos visto que esses movimentos, quando sinceros e profundos, modificam a resposta terapêutica às

---

[100] Conhecimento demonstrado claramente pela constelação familiar, segundo Bert Hellinger.

medicações e intervenções de forma drástica, no sentido da melhora e da recuperação.

Observe que esses vínculos existem independentes da forma como o aborto foi provocado. No caso do aborto intencional, se os pais escolhem pela culpa paralisante que se expressa no remorso, podem permanecer se autopunindo durante anos, sem se permitirem a felicidade plena ou, ainda, sem caminharem para expressões mais amplas de vida por não se acreditarem merecedores diante do crime cometido. Esse movimento sustenta muitos padrões de infelicidade e, por vezes, são fortalecidos por discursos religiosos indutores de culpa, que também existem dentro do movimento espírita, e que fortalecem no ser a dor da exclusão de si mesmo e do filho, que ainda não está no lugar de respeito e honra no coração dos pais. Estes permanecem olhando para o fato e não para o filho, assim como quando decidiram pelo aborto.

Mas, se, então, esses pais acolhem sua sombra, sua história, sua dor, podem contatar, em um nível muito mais profundo, a dor da falta do filho e não a dor da culpa, e conseguem olhar com dignidade para aquele que não teve direito à vida. Este, quando excluído do sistema, sem um lugar de amor no coração dos pais e da família, vive um duplo aborto: não só não teve direito à vida como não tem direito a pertencer. Então, a exclusão promove a sua reinserção no sistema como sintoma até que ele tenha o lugar que lhe é de direito.

Os profissionais da saúde e da área humana devem auxiliar o indivíduo a caminhar nesse movimento de inclusão daquilo que está excluído em si e no seu sistema.

Ensina Bert Hellinger:

"Se olho para aquilo que neguei e digo: "Sim, agora tomo você em minha alma", então cresço. Não é que agora seja inocente, mas cresço. Os inocentes não conseguem crescer. Continuam sempre do mesmo jeito. Continuam sempre sendo crianças."[101]

Essa abordagem de inclusão do que foi excluído está acessível a todo profissional que se habilite para intervir na experiência humana com um olhar para o que atua na alma, em níveis simbólicos mais profundos.

COMPROMISSO COM OS DEVERES E FIDELIDADE COM ÀS RESPONSABILIDADES

Em um nível mais profundo de autoamor, vemos que aquele que está conectado consigo mesmo está comprometido com seus deveres materiais e morais na vida.

Ao retornar para a encarnação, o Espírito faz um balanço do caminho percorrido e do progresso alcançado e analisa a sua história, os efeitos de suas escolhas e seu futuro sonhado, e, então, elege a natureza de provas e tarefas a sustentar na existência. No entanto, ao internar-se no corpo físico, se anestesia e esquece do seu compromisso consigo mesmo e com a sua felicidade como Espírito imortal, passando a se ocupar dos interesses imediatistas da encarnação e da matéria. Isso não anula a natureza de provas e desafios que lhe visitarão, mas ameaça-lhe o aproveitamento das horas.

• 101 • Fala de Bert Hellinger em um treinamento internacional.

A cada lance da existência a encarnação lhe traz, em desafios existenciais, a oportunidade de desenvolver as virtudes em negação na alma ou de desenvolver aquelas em gérmen no coração, através do bem coletivo que possa proporcionar.

Comenta Emmanuel:

> "Lembremo-nos dos pequeninos sacrifícios que podemos realizar, cada hora, contra os arrastamentos de nossa própria natureza inferior, trabalhando em auxílio dos portadores de necessidades maiores do que as nossas. (...) Antes do berço, quando a necessidade de redenção ou de melhoria nos desvela ao Espírito sequioso de progresso o campo educativo que a experiência física nos oferta, solicitamos, com empenho, as situações que nos contrariem o modo de proceder e de ser, a fim de que o internato terrestre nos supra dos valores reais de que nos achamos carentes. É por isso que quase sempre na Terra, quando impulsivos e impacientes, somos constrangidos a exaltar a serenidade; enfermos, surpreendemo-nos induzidos a amparar a saúde alheia; fracos, sentimo-nos na obrigação de sustentar a fortaleza dos outros; atormentados pelas nossas chagas íntimas de aflição ou desencanto, reconhecemo-nos intimados a nutrir a tranqüilidade e a esperança naqueles que desfalecem; e tentados, em muitas circunstâncias, à falência e à desordem, no imo de nossa casa, vemo-nos convocados a evitar o desequilíbrio e o desastre no instituto doméstico em que respiram corações queridos do nosso painel de ação."[102]

Aquele que se ama não se esquece dos compromissos consigo mesmo, e ciente de sua natureza inferior, vigia-se constantemente para que o seu melhor venha à tona, acolhendo a sua sombra com generosidade e firmeza amorosa no cumprimento dos deveres

---

[102] Francisco Cândido Xavier e Espírito Emmanuel, *Nascer e renascer*, p. 47-48.

que a vida lhe situa. Estes se mostram nas circunstâncias do corpo, da família, dos afetos ou desafetos que lhe visitam, na companhia espiritual e nas oportunidades que a existência lhe descerra. Descumprir os compromissos abraçados é adiar a própria felicidade e paz consciencial.

Bert Hellinger nos conta uma história em que compara a liberdade a algumas coisas, e ele afirma que há um tipo de liberdade que se assemelha ao cavalo selado que, por ter o arreio muito apertado, empina, levando ao solo o cavaleiro somente para, mais tarde, ter o arreio ainda mais apertado. Esse é o resultado da fuga dos deveres. As circunstâncias se agravam e os compromissos aprofundam, fazendo com que o ser reinicie o trabalho de reparação, corrigenda e progresso em condições ainda mais difíceis que as anteriores. Essa liberdade se chama *ignorância*, afirma Bert.

Emmanuel observa com sapiência:

> "Antes do regresso à experiência no Plano Físico, nossa alma em prece roga ao Senhor a concessão da luta para o trabalho de nosso próprio reajustamento. Solicitamos a reaproximação de antigos desafetos. Imploramos o retorno ao círculo de obstáculos que nos presenciou a derrota em romagens mal vividas... Suplicamos a presença de verdugos com quem cultiváramos o ódio, para tentar a cultura santificante do amor... Pedimos seja levado de novo aos nossos lábios o cálice das provas em que fracassamos, esperando exercitar a fé e a resignação, a paciência e o valor... E com a intercessão de variados amigos que se transformam em confiantes avalistas de nossas promessas, obtemos a bênção da volta. Efetivamente em tais circunstâncias, o esquema de ação surge traçado. Somos herdeiros do nosso pretérito e, nessa condição, arquitetamos nossos próprios destinos. Entretanto, imanizados temporariamente ao veículo terrestre, acariciamos nossas antigas tendências de fuga ao

dever nobilitante. Instintivamente, tornamos, despreocupados, à caça de vantagens físicas, de caprichos perniciosos, de mentiroso domínio e de nefasto prazer. O egoísmo e a vaidade costumam retomar o leme de nosso destino e abominamos o sofrimento e o trabalho, quais se nos fossem duros algozes, quando somente com o auxílio deles conseguimos soerguer o coração para a vitória espiritual a que somos endereçados. É, por isso, que fatalidade e livre-arbítrio coexistem nos mínimos ângulos de nossa jornada planetária. Geramos causas de dor ou alegria, de saúde ou enfermidade em variados momentos de nossa vida. O mapa de regeneração volta conosco ao mundo, consoante as responsabilidades por nós mesmos assumidas no pretérito remoto e próximo; contudo, o modo pelo qual nos desvencilhamos dos efeitos de nossas próprias obras facilita ou dificulta a nossa marcha redentora na estrada que o mundo nos oferece. Aceitemos os problemas e as inquietações que a Terra nos impõe agora, atendendo aos nossos próprios desejos, na planificação que ontem organizamos, fora do corpo denso, e tenhamos cautela com o modo de nossa movimentação no campo das próprias tarefas, porque, conforme as nossas diretrizes de hoje, na preparação do futuro, a vida nos oferecerá amanhã paz ou luta, felicidade ou provação, luz ou treva, bem ou mal."[103]

---

[103] *Ibidem*, p. 31-33.

AUTOCONHECIMENTO E CONTATO COM O CORAÇÃO

Para caminhar no autoamor ainda mais profundamente, na valorização do ser divino e da existência como elevada oportunidade de crescimento e aprimoramento, é essencial que o ser estabeleça um contato mais profundo e duradouro com a essência, com o próprio coração, aprendendo a ouvi-lo e a diferenciar os apelos do ego da superfície das demandas da alma, do coração. Estas são sempre serenas, aquelas sempre urgentes.

Ensina Emmanuel que: "É preciso que o homem aprenda a recolher-se para escutar as grandes vozes que lhe falam ao coração."[104]

Há na intimidade humana um conflito permanente entre o ego e a essência, o *self*. O ego excita e agita, o coração tranquiliza e pacifica. O ego espera reconhecimento, a essência vibra gratidão. O ego exige afeto, a essência o disponibiliza. O ego espera acolhimento, a essência acolhe com generosidade. O ego é a casca, a essência o conteúdo. A angústia é o grito do ego. A intuição serena, a voz da essência. O ego se impõe, a essência conquista.

Escravizar-se ao ego é superficialidade; desconsiderá-lo, ignorância. O *self* – núcleo divino – sustenta a vida; o ego a protege e preserva. A essência reside no mais profundo, onde só se alcança com o coração!

Falamos em crescimento espiritual como se ele representasse um esforço que se impõe de dentro para fora quando seguimos ordens,

---

[104] Francisco Cândido Xavier e Espírito Emmanuel, *Cartilha da natureza*. Prefácio "A grande fazenda".

determinações ou prescrições das religiões e/ou seus representantes. Mas, o crescimento é movimento natural da presença divina em nós, como o da planta que cresce sem necessitar saber como isso acontece. O essencial é que o movimento que o ego eleja esteja a serviço da alma, da conexão com o coração, totalmente presente no aqui e no agora.

É justo buscar o crescimento espiritual e utilizar as ferramentas e recursos aprendidos para isso, mas é essencial que essas ferramentas e recursos nos levem ao encontro do sentido e significado profundos de cada movimento dado pelo coração, nos permitindo estar totalmente inteiros e presentes no que é vivido a cada instante. Quando há presença e inteireza, há crescimento espiritual.

Nesse aprendizado do que é do ego e do que vem da essência, é fundamental olhar para as necessidades reais do coração que, frequentemente, distanciam-se do que é desejado pelo ego, identificado com o hedonismo e com a superficialidade da vida.

O livro dos Espíritos nos oferece excelente material de reflexão nesse sentido:

> "716. *Mediante a organização que nos deu, não traçou a Natureza o limite das nossas necessidades?* Sem dúvida, mas o homem é insaciável. Por meio da organização que lhe deu, a Natureza lhe traçou o limite das necessidades; porém, os vícios lhe alteraram a constituição e lhe criaram necessidades que não são reais."[105]

Quando o desejo leva o homem para o caminho do abuso das concessões divinas, ultrapassando o que seria justo e necessário, naturalmente são acionados recursos na lei de retorno ao equilíbrio:

---

[105] Allan Kardec, *O livro dos Espíritos*, questão 716.

"Quando comeis em excesso, verificais que isso vos faz mal. Pois bem, é Deus quem vos dá a medida daquilo de que necessitais. Quando excedeis dessa medida, sois punidos. Em tudo é assim. A lei natural traça para o homem o limite das suas necessidades. Se ele ultrapassa esse limite, é punido pelo sofrimento. Se atendesse sempre à voz que lhe diz – *basta*, evitaria a maior parte dos males, cuja culpa lança à Natureza."[106]

Esse movimento a que o texto chama de *punição* não é determinado pela vontade divina desejosa de castigar o homem, como pensa a tradição judaico-cristã, mas por um movimento natural de equilíbrio perante a lei.

Quando o autoamor conduz o homem ao encontro de si mesmo no recanto mais profundo de seu coração, permite que o essencial lhe abasteça o coração e que caminhe na individuação que representa a afirmação de sua singularidade em harmonia com o meio, mas sem submeter-se, necessariamente, a ele, com desenvolvimento psíquico e afetivo integral (sempre incompleto, em movimento) e com fidelidade ao que lhe alimenta a alma, sem excessos e sem abusos.

SINTONIA COM A ORDEM DO UNIVERSO

O passo mais profundo do autoamor, no entanto, é dado quando a alma se rende à reconexão com o Pai, na intimidade de seu coração, na reconciliação que representa a cura mais profunda. Esse é o assunto de toda esta obra. Então, aqui apenas saliento que o

---

[106] *Ibidem*, questão 633.

movimento mais importante de saúde espiritual é a submissão dócil e ativa ao Pai, na sintonia com Sua vontade:

> "Eis, meu amigo, tudo o que posso te dizer sobre a verdade; humilha-te diante do grande Ser, porque tudo vive e se move na infinidade dos mundo que seu poder rege; pense que se nele se encontra toda a sabedoria, toda a justiça e todo o poder, nele se encontra também toda a verdade."[107]

A grande frase da saúde foi ofertada por Jesus no *Sermão da montanha*, quando nos ensinou: "Seja feita, Senhor, a sua vontade".

Para isso, é necessário confiar na vida, no amor soberano e misericordioso de Deus e abrir mão da necessidade neurótica de controle de tudo e de todos.

Não necessitamos ter controle das pessoas, circunstâncias e realidade. A impermanência é lei da vida e tudo muda a todo instante seguindo o fluxo da afinidade e da sintonia, no ritmo da ordem universal. O que a vida nos pede é centramento, autoconhecimento e conexão profunda com o coração e com o alto, para sentir e intuir, a cada lance da jornada, o que é necessário, justo e leal à nossa essência e aos nossos compromissos e deveres. E diante do percebido, agir amorosamente.

Essa percepção se dá aos poucos, à medida que caminhamos na vida sob a inspiração daqueles que nos amam e que do mais alto nos tutelam os passos, aguardando que nossas experiências nos conduzam ao conhecimento racional e afetivo da lei. Para isso, é necessário paciência.

Na noite escura o farol só ilumina 200 metros da estrada, e somente ao caminhar naquele espaço os outros 200 metros se

---

[107] Allan Kardec, *Revista Espírita*, maio de 1865. Dissertação de Pascal sobre "A Verdade".

descortinam à percepção. De pouco a pouco, o caminho se forma e a jornada é delineada e concluída.

Quando o Espírito se rende à guiança do Pai em si, se desdobra um universo rico e desconhecido de abundância e de força que inicialmemte causa medo, mas à medida que prossegue, enche o ser de alegria e grandeza.

Ensina-nos Osho:

> "Diz-se que, mesmo antes de um rio cair no oceano ele treme de medo. Olha para trás, para toda a jornada, os cumes, as montanhas, o longo caminho sinuoso através das florestas, através dos povoados, e vê à sua frente um oceano tão vasto que entrar nele nada mais é do que desaparecer para sempre. Mas não há outra maneira. O rio não pode voltar. Ninguém pode voltar. Voltar é impossível na existência. Você pode apenas ir em frente. O rio precisa se arriscar e entrar no oceano. E somente quando ele entra no oceano é que o medo desaparece. Porque apenas então o rio saberá que não se trata de desaparecer no oceano, mas tornar-se oceano. Por um lado é desaparecimento e por outro lado é renascimento. Assim somos nós..."[108]

Entregar-se a Deus e despertar a Sua presença em si é tornar-se oceano, é encher-se de força, amplitude de visão e ação, vida e realizações. É fazer brilhar a sua luz. Não reduz ou limita a expressão do ser, antes a amplia e expande.

Bert Hellinger, na continuação da história já citada neste capítulo, afirma que a suprema liberdade é semelhante à do nadador que desiste de nadar contra a corrente do rio por perceber que nisso só perde tempo, força e vigor, e passa a nadar a favor da correnteza. Aí, então, pode

---

• 108 • Osho, *Nirvana: o pesadelo final*, 19ª parte. Texto disponível em *http://www.textosdeosho.com/Nirvana-OPesadeloFinal/*

decidir onde quer aportar, se na margem direita ou na margem esquerda do rio. Esse é o livre-arbítrio: a liberdade de não se opor à lei, mas de eleger, dentro dela, aquilo que é possível, deixando-se levar no fluxo do rio divino que o conduz sempre ao mais e ao melhor.

É por isso que, no dizer de Emmanuel:

"A Doutrina Espírita fulge, na atualidade, diante da mente humana, auxiliando-nos a descobrir os Estatutos Divinos, funcionando em nós próprios, no foro da consciência, a fim de aprendermos que a liberdade de fazer o que se quer está condicionada à liberdade de fazer o que se deve."[109]

"O Grande Ensinamento é a rendição; ceder teu controle e deixar que o Todo te arrebate para onde quer que deseje levar-te. Não nades contra a corrente. Deixa-te ir com o rio, torna-te o rio e o rio já está indo para o mar. Esse é o Grande Ensinamento."[110]

Quando o autoamor, sustentado na consciência do filho de Deus que cada ser é, conduz o indivíduo ao movimento de entrega, não há mais volta. O destino é a grandeza da comunhão com o Pai e o limite é o infinito, no cumprimento dos deveres e na alegria das conquistas.

---

[109] Francisco Cândido Xavier e Espírito Emmanuel, *Revista Reformador*, maio. 1964, p. 119.
[110] *Ibidem*.

MEDITAÇÃO PARA O AUTOAMOR[111]

Busque uma posição confortável e respire pausada e profundamente. À medida que você inspira e expira, você relaxa e vai se aprofundando para dentro de si mesmo, em busca de um recanto de paz e aconchego. E relaxa.

Nesse estado, veja-se diante de um espelho, olhe-se nos olhos. Busque olhar-se com ternura. Aí, diante de si, está a pessoa mais importante para sua vida, a única que não te abandonará nunca. Sorria para si mesmo. Sorria para suas lutas, dores, provas. Acolha em si o que ainda não está amado, resolvido, solucionado. O que ainda não está desenvolvido. Acolha suas limitações. O que ainda não pôde ser o será, amanhã, se essa for a vontade da vida.

Você pode visualizar tudo isso como marcas em si ou como partes de seu corpo. Olhe-o com amor.

Busque ver, sobretudo, aquilo que está excluído em seu coração. Aquilo para o qual você evita até mesmo olhar ou reconhecer. Aí está o mais importante, o que necessita ser acolhido e amado. Pode ser uma parte sua, uma característica, um sentimento ou uma pessoa. Veja que imagens ou sentimentos lhe veem à mente neste momento. E sorria para o que quer que veja.

Aquilo contra o qual você luta e rejeita ganha força. Ame a sua sombra, acolha a si mesmo.

· 111 · Você pode gravar essa meditação com voz suave e pausada em seu celular e ouvi-la com um fone, ou pode pedir a outra pessoa que a leia para você, como preferir. Caso prefira, pode acessá-la na voz do autor usando este QRCODE.

E, então, tome o tempo que for necessário olhando para tudo isso e amando cada parte de si mesmo, cada característica de seu corpo, de sua alma, de sua vida. Quando for o suficiente, experimente abraçar-se gostosamente, acolhendo a pessoa comum e especial que é, pois que é única, expressão singular do amor de seus pais e do próprio Deus. Tome o tempo que for confortável para sentir o seu abraço.

Logo em seguida, olhando em seus olhos no espelho, veja o filho ou a filha de Deus que você é e lembre-se de que você não é suas limitações ou seus desafios. Você transcende este corpo, esta personalidade, estes momentos. Você é uma expressão singular do amor do Pai. Acolha em si este divino que és, vendo-se iluminar de dentro para fora, até estar completamente envolvido(a) nesta luz.

E assim, iluminado(a) e relaxado(a), respire profundamente voltando ao aqui e ao agora, no seu ritmo, no seu tempo.

VISUALIZAÇÃO DE ENCONTRO COM A FONTE INTERIOR[112]

Busque um local confortável e privativo, onde não seja interrompido(a). Respire profunda e suavemente, expirando no dobro do tempo da inspiração. E à medida que você inspira e expira, você relaxa. Suavemente... Protegidamente... E mergulha dentro de si mesmo.

Nesse estado, você pode se imaginar caminhando por um terreno árido e desértico. O sol forte incide sobre você, tornando a caminhada mais sacrificiosa e a sede se faz companheira. Você deseja beber de uma água límpida e pura que lhe sacie a sede e a necessidade íntima.

Você, então, vê um poço à certa distância. Acelera o passo, com esperança, e quando se aproxima de suas bordas, vê que ele está vazio e seco. Como saciarei a minha sede? — pensa você. A decepção e o cansaço são companheiros conhecidos de seu coração. E então, você observa o vazio, a escuridão do poço, o silêncio. E os acolhe, resignado(a). Eles também pertencem a você. E, então, você vê.

Lentamente, do fundo do poço brota uma água límpida que vai ganhando volume, no mesmo ritmo que a esperança e a alegria voltam ao seu coração. Pouco a pouco ela se avoluma e você pode se ver refletido(a) nela. Quanto mais você se alegra consigo mesmo, mais ela se aproxima. E à medida que se aproxima, ainda inalcançável,

· 112 · Você pode gravar essa meditação com voz suave e pausada em seu celular e ouvi-la com um fone, ou pode pedir a outra pessoa que a leia para você, como preferir. Caso prefira, pode acessá-la na voz do autor usando este QRCODE.

ela te permite admirar a si mesmo(a) com transparência e clareza, permitindo que sua beleza seja visível aos seus olhos e ao seu coração. E cresce, cada vez mais.

À medida que a água sobe e você vê a si mesmo, aquilo que era vazio se torna cheio, o que era ausência se torna presença, o que era falta se torna conteúdo. E você sorri, aliviado(a).

A água chega bem próximo à borda, com abundância e limpidez, e você pode sorvê-la com alegria, o quanto for necessário, bem como encher o seu cantil, previdentemente.

À sombra do poço você descansa e se abastece. O caminho árido continuará, enquanto for o tempo dele, mas você pode observar, daí onde enche a alma, que há flores no caminho, sombra para o descanso e que haverá sempre um poço, pois abaixo da aridez há um grande manancial da água da vida sempre acessível para você, onde estiver.

Então, você respira profundamente e retorna ao aqui e ao agora, seguramente... Protegidamente...

9
RECONCILIAÇÃO COM O PRÓXIMO: CAMINHO DE PAZ

> "Aquele que procura reconciliar-se, assumindo a responsabilidade do novo entendimento, é sempre um coração inspirado no verdadeiro amor."
>
> Emmanuel[113]

É **natural que em um** mundo cheio de opostos, contradições, interesses e diferentes níveis evolutivos, existam frequentes desentendimentos e separações decorrentes das distintas interpretações da vida. No entanto, o universo vibra na força da reconciliação e tudo caminha para a integração, para o encontro, partilha e comunhão. Os maiores problemas mundiais, como a fome e as diferenças sociais, serão facilmente resolvidos quando a fraternidade imperar nos corações.

O Evangelho é claro quando nos ensina que a comunhão com o Pai é dada pela comunhão com o humano:

> "Portanto, se trouxeres a tua oferta ao altar, e aí te lembrares de que teu irmão tem alguma coisa contra ti, deixa ali diante do altar a tua oferta, e vai reconciliar-te primeiro com teu irmão e, depois, vem e apresenta a tua oferta." (Marcos, 5:23-24)

Para que haja uma integração plena com o divino, há que se criar uma adoração ao humano no que há de mais sagrado em cada ser. Quando chamamos a Deus de Pai, afirmamos que o próximo é irmão na família universal. Pretender uma sintonia com a fonte

---

[113] Francisco Cândido Xavier e Espírito Emmanuel, *Revista Reformador*, agosto, 1953, p. 187.

suprema de todo amor, mantendo o coração distanciado dos afetos e de todos aqueles que pertencem e que fazem parte do de seu sistema, é ilusão e autoengano.

Continua o texto bíblico:

> "Concilia-te depressa com o teu adversário, enquanto estás no caminho com ele, para que não aconteça que o adversário te entregue ao juiz, e o juiz te entregue ao oficial, e te encerrem na prisão. Em verdade te digo que de maneira nenhuma sairás dali enquanto não pagares o último ceitil." (Mateus, 5:25-26)

A prisão a que se refere o texto é frequentemente entendida como o círculo fechado das vivências repetidas às quais nos vinculamos até que o aprendizado seja feito e o movimento de ampliação da consciência seja estabelecido, na reparação das faltas anteriormente assumidas. Mas, o texto bíblico, que não é de particular interpretação, pode também ser entendido como um enunciado das leis sistêmicas da vida.

Quando seguimos adiante tentando romper com aqueles que vieram antes ou desconectados dos que fazem parte de nossa vida, estabelecemos um distanciamento de nós mesmos, na ruptura com a essência na qual vibra o amor que a tudo vincula. Nesse caso, seguimos dominados pelo ego e seus desejos, recalques, feridas ou interesses, sem liberdade real.

As leis sistêmicas da vida nos ensinam que só somos verdadeiramente livres quando reconciliados com tudo e com todos que pertencem ao nosso sistema e que se vinculam à nossa alma.

Quando tentamos seguir irreconciliados, caminhamos para os círculos de repetição da experiência ou de insucesso que manifestam nossa vinculação profunda àqueles que vieram antes e aos seus destinos, bem como demonstram a incapacidade de construir com liberdade uma nova realidade.

Quando a desconexão é com relação aos pais, fonte da vida, vivenciamos o fracasso e o insucesso, como abordaremos em capítulo posterior. Quando acontece em relação aos que foram parceiros afetivos, então temos uma realidade de repetição cíclica da experiência e possíveis grandes frustrações.

Para que alguém siga livre para um novo relacionamento, é preciso estar reconciliado com aqueles que vieram antes para que não se enrede na prisão das vinculações "até o último ceitil". Para seguir livre é preciso seguir cheio do amor e da gratidão por tudo que foi possível e por todo o bem vivenciado e produzido em conjunto, com valorização do que é cheio e não do que é vazio.

Para seguir adiante e estabelecer novos e fortes vínculos, é preciso despedir-se do(s) parceiro(s) anterior(es), dando um lugar de amor para ele(s) ou ela(s) no coração.

> "Despedida é preenchimento. Despedir-se de alguém é esvaziar-se de tudo aquilo que impede que você se alegre com o outro e preencher-se dele. Somente dele, assim como foi e como é! Sabemos que uma despedida está completa quando só conseguimos nos lembrar do outro com alegria".[114]

Para que isso seja possível, é preciso olhar para o que foi construído, para os filhos, quando os há, para as realizações em conjunto, alegrando-se com o que foi possível. Isso acontece

---

[114] Wilma Oliveira, facilitadora do Instituto Bert Hellinger Brasil Central (IBHBC), em postagem para o grupo dos alunos do Instituto na rede social *facebook*.

quando cada um assume seu destino e sua corresponsabilidade na vida, cessando as projeções das idealizações pessoais no outro e desistindo de fazer com que ele seja o que desejaria que fosse ou, ainda, cessando a ilusão de que o seu amor é suficiente para transformar o outro naquilo que você gostaria que ele fosse. Em outras palavras: aceitando a realidade como ela é e o outro como exatamente ele pode ser, sem o peso da responsabilidade de fazê-lo(a) feliz.

Cada um segue na vida o caminho traçado pelas suas necessidades e vinculações, e frequentemente alguém não está livre para seguir no caminho que deseja, ou que o outro deseja, por força de uma vinculação de amor anterior mais forte e profunda, como a com os pais ou com algum antepassado. Isso se manifesta na repetição de padrões dentro da família.

CONFLITOS DE CASAL

Bert Hellinger comenta, a respeito dos conflitos entre casais:

> "Quando existem dificuldades no relacionamento a dois, isto frequentemente está ligado ao fato de que aquilo que antecede o amor entre o casal ainda precisa de uma solução. Isto porque no relacionamento a dois queremos alcançar algo que talvez não tenhamos conseguido no amor pelos nossos pais. Mas isto não dá certo sem que, primeiramente, o amor pelos pais comece a fluir."[115]

· 115 · Bert Hellinger, *A fonte não precisa perguntar pelo caminho*, p. 93.

Ele nos ensina que o amor só segue livre para a relação a dois e para a reconciliação quando olhamos para questões anteriores e mais profundas na relação com os pais, cessando a projeção de necessidades primais no parceiro ou na parceira. Para que a liberdade seja parte de um casal com eficácia é preciso que ocupemos o lugar de filho ou de filha com adequação.

A maior parte dos conflitos de casal se deve a um olhar autorreferenciado e egocêntrico, fruto das questões não trabalhadas na relação com os pais. Mas, quando o casal olha para o seu sistema e se compreende como parte dele, então pode olhar para algo maior:

> "O relacionamento amoroso entre um homem e uma mulher, em nossa época atual, é observado frequentemente do ponto de vista do "eu". Portanto, o que irá me realizar ou me estimular nesse relacionamento amoroso. Procuram, então, um parceiro que lhes promove isso e supõem que ele vá oferecer o que esperam. Isso é recíproco. Ambos os parceiros procuram isso. Contudo, o relacionamento entre o homem e a mulher está inserido num contexto maior. Pela sua natureza está direcionado aos filhos, à formação de uma família, à continuação da vida. O relacionamento de casal como tal é o primeiro passo nessa direção. Contudo, se perdermos de vista o contexto total, o amor definha, porque negligenciamos esse contexto".[116]

O contexto total é a inserção no sistema, na família, na continuidade da vida que ambos representam:

> "Quando a criança vê atrás dos pais os avós, os bisavós e olha mais além, para lá, ao longe, de onde flui a vida, então vê os pais conectados em algo

---

[116] *Ibidem*, p. 108.

maior. (...) Quando então a criança cresce, sente a necessidade de um relacionamento íntimo, quer casar e então olha somente para o parceiro, sente-se fraca e desamparada. E esse parceiro, quando só olha para o seu outro parceiro, também sente-se fraco e desamparado. Mas, se cada um deles vê que ele e ela estão ligados a essa grande corrente e, como o desejo por um parceiro está relacionado à corrente da vida, ainda sentem que esta flui através de si e eles se olham, então não olham somente para si mesmos. Eles não se olham apenas como homem e mulher com a ideia: agora vamos fazer a nossa felicidade. O que é isso? Quando vêem que estão dentro dessa corrente, ultrapassam a si mesmos. Então é relativamente insignificante como é o parceiro. Ambos estão na corrente da vida. Então não se olha mais somente nos olhos, olha-se sem distinção, em direção à amplidão e sente-se carregado. Assim, o que quer que aconteça no relacionamento de casal, eles suportam".[117]

Assim, com o olhar ampliado, pode-se tolerar com mais facilidade as diferenças que compõem a complementaridade e trabalhar para reter no coração aquilo que enche e que verdadeiramente sustenta e fortalece a relação a dois e a família. Nesse sentido, reconciliados, inteiros, ambos trabalham para "fazer tudo que for necessário para se alegrarem um com o outro a cada instante e a cada nova fase da vida"[118], com a consciência de que a relação de casal é posterior à relação com os pais, no entanto, tem agora prioridade e é anterior à relação com os filhos e terá sempre precedência sobre ela.

Bert ainda nos presenteia com algo mais, falando sobre o respeito que devemos ter com nós mesmos e com o outro:

- [117] - *Ibidem*, p. 91 e 92.
- [118] - Wilma Oliveira, facilitadora do IBHBC.

"Respeitar significa, antes de tudo, reconhecer. Respeitar uma pessoa é reconhecer que ela existe, que é como é, e que é certa da maneira como é. Isso pressupõe que eu me respeite da mesma forma – que eu reconheça que existo, que sou como sou e que, tal como sou, também sou certo. Quando respeito a mim e ao outro dessa maneira, renuncio a construir uma imagem de como deveríamos ser. Sem essa imagem não existe juízo sobre o que seria melhor. Nenhuma imagem construída se interpõe entre mim e a realidade, tal como ela se mostra. Isso possibilita um segundo elemento, que também pertence ao respeito: eu amo o real, tal como ele se mostra. Isto significa, antes de tudo, que me amo tal como sou, amo o outro tal como ele é, e amo a maneira de sermos diferentes. O respeito inclui ainda um terceiro elemento, talvez o mais belo: eu me alegro com o real, tal como se manifesta. Alegro-me comigo tal como sou; alegro-me com o outro, tal como ele é, e alegro-me com o fato de que sou diferente dele e ele é também de mim. Esse respeito mantém distância. Ele não invade o outro e não permite que o outro me invada, me imponha alguma coisa ou disponha de mim de acordo com sua imagem. Ele torna possível que nos respeitemos sem nada querer um do outro. Quando precisamos ou queremos algo, um do outro, devemos ainda questionar um quarto ponto: nós nos promovemos mutuamente ou inibimos o desenvolvimento nosso ou do outro? Se, da forma como somos, impedimos nosso desenvolvimento ou o do outro, o respeito nos separa, ao invés de nos aproximar. Nesse caso, devemos cuidar para que cada um siga o seu próprio caminho e se afaste. Com isso, o amor e o contentamento por mim e pelo outro se aprofundam, em vez de diminuir. Por quê? - Porque o amor e a alegria são tranqüilos, como o respeito."

O que sustenta a relação a dois é a admiração. Quando esta é substituída pela crítica, pela queixa ou pela exigência, a relação se desnutre e o casal se afasta. De igual maneira, quando ela é retomada, a despeito de todos os motivos de crítica, valorizando-se aquilo que está cheio e pleno, então a relação pode se restabelecer e florescer. Faz-se novamente primavera no jardim dos corações e todos podem se alegrar, aliviados. Esse é o movimento que produz força para enfrentar o que é necessário para que se alegrem um com o outro a cada dia.

A talentosíssima cantora espírita Elizabete Lacerda conta uma história interessante de sua experiência. Certa vez, ela foi cantar em um evento espírita e, como de costume, cantou a sua interpretação da música *"Além da vida"*, de Paula Fernandes. Algum tempo depois, uma senhora lhe procurou para agradecer e lhe disse que aquela música havia mudado a sua vida.

Então, contou que estava muito afastada do marido após longos anos de um casamento que havia se esfriado com a rotina, mas que ao ouvir aquela música, contatou o sentimento de amor que a movia. Começou a pensar no companheiro com gratidão e admiração, lembrando de tudo aquilo que lhe encantava e reconhecendo o quão bom marido e homem ele era para ela. Foi para casa e tomou uma decisão: mudaria a sua postura. No dia seguinte, ao acordar, preparou o café com alegria e com açúcar, como o marido gostava e ela nunca fazia, por preferir que cada um adoçasse o seu. Encheu a mesa de guloseimas.

Quando o marido acordou e viu aquela mesa, perguntou-lhe: "Está esperando alguém para o café? Quem você vai receber?" Então, ela lhe disse que não, que tudo aquilo era para ele. Ele estranhou e, ressabiado, sentou-se à mesa. Quando provou o café e percebeu que estava adoçado a seu gosto, disse: "Adoçado? Tem algo muito estranho aqui...". Tomou seu café e preparou-se para o trabalho.

Quando ia saindo sem se despedir, como já era habitual, ela o chamou e indagou: "E o meu beijo?". Ele arregalou os olhos e lhe perguntou: "Beijo? Que está acontecendo, mulher? Está com alguma doença terminal e eu ainda não sei? Tem algo a me contar?". Ela sorriu e lhe disse: "Não, não tenho doença nenhuma, estou recobrando a saúde...".

Quando chegou em casa para almoçar, ela havia preparado costelinha de porco, sua comida preferida. Ele se espantou muito e sorriu. E assim prosseguiram.

Naquele dia, ela agradecia a cantora que interpretara a música que havia feito com que ela se reconectasse à admiração pelo seu homem e à gratidão por ele estar em sua vida e ela na dele. O filho, que estava ao lado, confirmou tudo e lhe disse: "É impressionante, eles estão como em lua de mel novamente e, inclusive, com passagem comprada para um cruzeiro....".

A admiração enche o casal e promove grande conexão com o essencial.[119]

Frequentemente ouvimos pessoas dizendo, pretensamente baseadas na lei de causa e efeito: tolerarei esse marido ou essa esposa até a morte e depois nunca mais quero vê-lo. Isso é o mesmo que assinar a papelada do compromisso mútuo na próxima encarnação. Muitos casais estão juntos há muitas vidas, repetindo experiências cheias de críticas e acusações recíprocas em um eterno jogo de poder vítima/algoz.

É interessante compartilhar o que me lembro de uma experiência de reconciliação de casal que me tocou, que ouvi repetidas

---

• 119 •   Ver meditação com esse tema ao final do capítulo.

vezes em palestras do médium mineiro Robson Pinheiro. Fiz parte de uma casa espírita na região metropolitana de Belo Horizonte cujo nome é uma homenagem à mãe desse médium: Everilda Batista.

Ela foi (e ainda é) uma mulher forte, com grande garra e fibra, que trabalhou como merendeira de escola em uma pequena cidade do interior de Minas Gerais. Nunca ganhou um salário mínimo, no entanto, teve seis filhos biológicos, adotou mais três, além de três casais de idosos, e deu muita sopa para a comunidade da qual fazia parte. Sempre foi uma mulher decidida, que educava os filhos só com o olhar.

Ela era casada com um homem que se chamava "Seu" Dema. Com todos ele era ótimo, mas com ela era verdadeiramente o "Demo". Eles viviam em pé de guerra e ela dizia: "Vou tolerar este homem até a morte, depois não quero mais vê-lo." "Seu" Dema um dia a mandou escolher entre seu trabalho social e ele. Antes que acabasse de falar, as suas roupas estavam voando pela janela e ela o mandando ir buscar lá fora e só voltar para dentro de casa quando aprendesse a respeitar o trabalho que ela fazia. Um dia, durante uma discussão, ele resolveu levantar a mão para bater nela. Para uma mulher não se levanta nem um dedo, quanto mais uma mão. Mas, para uma mulher médium, e médium de efeitos físicos, isso é suicídio completo. Tão logo ele levantou a mão, seu mentor se incorporou nela. Ela era médium, porém, não era espírita. Nem o mentor. Incorporado, ele levantou um pesado armário com uma mão da médium (fenômeno explicado por Allan Kardec em *O livro dos médiuns*) e jogou sobre o homem, dizendo aos filhos que assistiam à cena: "Ai de quem o retirar daí debaixo. Isso é para ele aprender que em uma mulher não se bate em hipótese nenhuma". Então, os dois viviam em pé de guerra.

Ela desencarnou cedo, vítima de uma cardiopatia chagásica (que provoca hipertrofia e insuficiência cardíaca), e pouco tempo depois escreveu uma carta para o filho, através de Chico Xavier, em que começava assim: "Meu filho, agradeço a Deus a oportunidade misericordiosa de retornar à vida física com seu pai...". O filho, que ouvia atento e emocionado a leitura da carta, pensou: "Não é mamãe, é um obsessor. Mamãe diria tudo, menos isto. Chico errou pela primeira vez...". Mas, ela prosseguiu na mensagem dizendo: "... porque daqui, do lado de cá da vida, tive acesso à nossa ficha cármica e pude perceber que eu e seu pai temos reencarnados juntos múltiplas vezes sem ter, até hoje, aprendido verdadeiramente a nos amarmos. Daqui em diante ser-lhe-ei protetora espiritual...". E se tornou a benfeitora que tudo fez para cuidar-lhe, percebida muitas vezes, pelo filho, junto do pai.

Ele continuou mais ou menos o mesmo. Quando foi desencarnar, os Espíritos pensaram uma maneira de lhe socorrer, pois ela tinha muito merecimento e ele era débito espiritual dela. Quando ele estava no período do passamento[120], em que já se fecharam os olhos do corpo físico, na morte biológica, mas o Espírito ainda não abriu os olhos na vida espiritual, tempo no qual ocorre a hipermnésia retrógrada e o Espírito analisa em instantes a encarnação, aprovando-se ou reprovando o tempo perdido diante de sua própria consciência, os Espíritos o despertaram por meio do passe magnético. Quando

---
[120] Para entendimento desse momento, ver o primeiro capítulo da segunda parte do livro *O céu e o inferno*, de Allan Kardec, intitulado "O passamento".

ele abriu os olhos, viu-se diante dela, a sua mulher, vestida de noiva como no dia de seu casamento (com a roupa simples com que se casara, plasmada pela força do pensamento do Espírito), com as mãos estendidas, dizendo-lhe, emocionada: "Desperta, Dema, pois estamos casados novamente, em nome de Jesus". Pegou-lhe nos braços e o levou para zonas de tratamento espiritual, sendo-lhe amiga e companheira doravante. Estavam reconciliados.

É da lei que aquele que caminhou mais retorne para socorrer aquele que caminhou menos, no amor que sempre atua unindo as almas afins ou vinculadas entre si.

Não basta a tolerância nos relacionamentos. A ela é preciso que se some o afeto, a ternura, a paciência, a bondade, a compaixão, a admiração e o respeito, ingredientes do amor amplo, que fazem o sucesso de um relacionamento a dois.

PERDÃO DAS OFENSAS

Caminhar pela vida com o coração cheio de mágoas e afastado daqueles a quem ama é um peso grande para a alma. Se há ódio é porque houve ou há amor. Onde há ressentimento já houve sentimento, expectativas, interesses e desejos que foram frustrados ou não atendidos. A mágoa é marca de que eles permanecem em atividade em nível subjacente.

No livro *Cura e autocura*, tivemos a oportunidade de abordar a temática do perdão detalhadamente. Importa, aqui, salientar que a reconciliação com o outro é higiene da própria alma:

"A higiene alinha vários preceitos de proteção à vida, como sejam:

- o asseio do corpo;
- o uso da água potável não contaminada;
- a renovação do ar no recinto doméstico;
- a faxina habitual;
- a limpeza da moradia;
- o banho diário sempre que possível;
- a roupa lavada;
- a refeição natural;
- e o saneamento do solo em que se vive.

Entretanto, em auxílio à paz de que necessitamos para sermos tranquilos, somos de parecer que o perdão das ofensas, sejam elas quais forem, é um dos ingredientes fundamentais na segurança da própria alma, porquanto, acalentar ressentimentos é o mesmo que reter substâncias tóxicas, desequilibrando o pensamento e envenenando o coração."[121]

Para que haja perdão verdadeiro, é necessário que haja respeito à individualidade de cada um e aceitação de sua humanidade. Aceitar a individualidade é permitir que o outro tenha suas escolhas, ainda que as considere equivocadas, e que siga o seu caminho sem o peso de suas exigências ou cobranças, limitando-se a auxiliar quando solicitado ou a instruir e orientar quando se tratar de alguém sob sua responsabilidade.

Acolher a humanidade do outro é o caminho para uma relação digna de respeito e igualdade. A relação vítima-algoz é um jogo de poder em que a vítima se sente empoderada sob o outro,

---

[121] Francisco Cândido Xavier e Espírito Emmanuel, *Luz e vida*, lição nº 17, p. 66.

que a deve. Acontece que sempre que há jogo de poder, o amor se ausenta. O perdão se sustenta em uma relação de igualdade, comandada pelo afeto, ainda que a relação não seja mais possível. Ensina-nos o benfeitor Dias da Cruz que "o perdão só é possível quando deixamos de olhar o outro como vítima e algoz e passamos a olhar o outro como parceiro de infortúnio"[122]. Nessa perspectiva, o erro do outro é acolhido na mesma intensidade com a qual desejamos que os nossos sejam, compreendendo que aquele que hoje é vítima ontem foi algoz ou amanhã o será e que à luz da reencarnação não há vítimas ou algozes, mas seres humanos com suas limitações e conquistas.

Da justiça, ocupa-se a lei divina. Aquele que deve se encarregará do ressarcimento em qualquer tempo, e aquele que merece receberá, invariavelmente, aquilo a que faz jus. Isso é natural e automático nas vidas sucessivas. O perdão não interfere na lei de equilíbrio. Aquele que perdoa segue livre do peso da dor e do fardo do vitimismo. Já aquele que é perdoado segue devedor diante da lei e, mais dia, menos dia, será o dedicado benfeitor que em novas oportunidades ou novas roupagens tudo fará para beneficiar aquele a quem prejudicou de alguma maneira, a fim de pacificar-se perante a própria consciência.

• 122 • Andrei Moreira e Espírito Dias da Cruz, *Pílulas de esperança*, p. 41.

DESOBSESSÃO E LIBERDADE

Perante os processos de perseguição espiritual os quais vivenciam milhares de criaturas na Terra, é necessário um olhar mais profundo para o que atua por detrás das cortinas no palco das obsessões espirituais.

O processivo obsessivo pode ser ocasionado por distintas causas espirituais, mas as principais são as morais: perseguição por vingança e desejo de reparação de um mal sofrido, ou por parceria no mal, no passado.

Afirmam os Espíritos que "os vínculos que sustentam desde a amizade, a fraternidade e a família até os processos de influenciação espiritual superior ou obsessiva, se enraízam na intimidade afetiva da criatura."[123]

Muitas pessoas se sentem vítimas dos Espíritos que as perseguem e buscam terapêuticas que as "liberte" dos que julgam ser seus algozes. Mas, essa natureza de vínculo afetivo só se rompe com a reconciliação dos parceiros e desafetos e com a renovação dos padrões mentais e emocionais que os vincula. De nada adianta separar os desafetos quando a conexão de alma permanece inalterada, atraindo-os uns para os outros, vinculando-os à prisão das relações doentias até o "último ceitil".

Para que haja liberdade de ação real, é preciso haver a reconciliação e que ambos sejam amparados. Além disso, a relação precisa

---

[123] Dias da Cruz, psicografia de Andrei Moreira realizada na AMEMG, no dia 4 de fevereiro de 2015.

ser equilibrada com a dedicação daquele que deve àquele que foi anteriormente lesado, para o estabelecimento da paz.

Ensina-nos o médico espiritual Dias da Cruz:

> "Todo aquele que odeia possui um vínculo de amor oculto, adoecido e mais profundo que o mantém jungido àquele que é odiado ou está perseguido, pois que o ódio motiva-se pelo desejo de compensação, por uma lesão sofrida, por uma inveja de um atributo ou sentimento manifesto, pela disputa afetiva nas relações humanas ou pelo desejo de atenção e cuidado, ainda que expressos de forma adoecida. Este vínculo é de tal maneira profundo que mantém os seres jungidos e buscando-se sem a saúde da relação equilibrada e harmoniosa que leva ao êxito, mantendo-se conectados pela sintomatologia, pela negação que, em verdade, busca afirmação."[124]

A afirmação a que se refere o benfeitor é a do amor, pois aquele que odeia, em realidade, deseja ser amado e manifesta, de forma adoecida, a sua insatisfação por não ter o amor pretendido ou por ter o seu amor desconsiderado ou desrespeitado.

Em uma reunião mediúnica da AMEMG, assisti a uma manifestação espontânea de um Espírito que se mostrava muito nervoso e raivoso com uma pessoa de nossa equipe, que é terapeuta, por ela dar atenção a um determinado paciente a quem ele perseguia. Todo o tempo ele falava que a odiava porque ela estava cuidando dele e procurando auxiliá-lo, trabalhando pelo seu bem-estar relativo, por se tratar de um paciente psicótico e sem grandes possibilidades de cura. Se a orientadora que o acolhia desse atenção à sua fala

---

[124] *Ibidem.*

e à expressão de seu ódio, por certo seria improdutivo e ineficaz o acolhimento, pois o ódio era apenas sintoma de um amor profundo e oculto. Em verdade, com o auxílio da percepção de outro médium, a orientadora descobriu que o vínculo daquele Espírito com a terapeuta era muito antigo e o seu ódio era motivado pelo desejo de receber dela a mesma atenção e o mesmo carinho que ela dedicava ao paciente, que era um Espírito ligado a ambos em anteriores experiências. Seu ódio não provinha de um desagravo, mas de um ciúme e de uma inveja decorrente de um amor que ele pensava não ser correspondido. A terapeuta, então presente na reunião, substituiu a orientadora e conversou diretamente com o Espírito, afiançando-lhe seu amor, carinho e dedicação durante o desdobramento do corpo físico que ocorre no período do sono, acalmando-lhe o coração. O irmão em penúria se mostrou confortado e consolado, aceitando aquele movimento, pois quando a equipe acessou o seu amor, ele não teve mais forças para prosseguir na expressão do ódio. A ferida emocional já havia sido exposta e o medicamento ofertado. Ele pôde falar do seu amor e, ao mesmo tempo, sentir o amor da equipe física e espiritual e daquela a quem se vinculava. Perante o amor sentido e manifesto, não havia mais espaço para o ódio e para a perseguição. Estava dado o passo decisivo para a reconciliação, o encontro no amor.

VISUALIZAÇÃO DE RECONCILIAÇÃO[125]

Busque um espaço de calma e serenidade em seu coração para além das emoções que transtornam. Talvez você possa asserenar-se por meio da oração sincera e simples, ou de uma meditação silenciosa em que cessa os pensamentos, a fim de poder preparar-se para acessar um espaço interno mais profundo e nutriente.

Quando sentir-se pronto, sem que as emoções de raiva ou de medo lhe dominem, respire lenta e pausadamente, deixando que a expiração se faça no dobro do tempo da inspiração. À medida que você inspira e expira, você relaxa. Seguramente... Protegidamente... Sua parte sábia lhe guia e cuida de tudo que está além de seu controle. Se entregue a ela.

Veja-se diante de alguém com quem sinta necessidade de reconciliar-se. Olhe nos olhos dessa pessoa e busque neles a sua humanidade. Veja-a com olhos de humanidade. Talvez você possa dizê-la, em seu coração: "Assim como eu sou humano, luz e sombra, você também o é. Eu acolho em você a minha fragilidade, a minha pequenez, a minha incoerência e a minha vulnerabilidade. Assim como eu me equivoco, você também tem direito à sua humanidade e à sua trajetória de erros e acertos".

Então, você pode visualizar-se colocando as mãos no peito dessa pessoa, sobre o coração, como a conectar-se com o amor que a

· 125 · Você pode gravar essa meditação com voz suave e pausada em seu celular e ouvi-la com um fone ou pedir a outra pessoa que a leia para você, como preferir. Caso prefira, pode acessá-la na voz do autor usando este QRCODE.

move. E olhando nos olhos dela, você pode ver e sentir para onde olha o amor dela por detrás das atitudes que te feriram. Talvez você possa ver, talvez não. Basta buscar e dar esse lugar de amor em seu coração.

Então, você pode dizer a ela: "Eu te liberto das minhas expectativas, das minhas queixas, das minhas exigências. Daqui para adiante, eu caminho livre, com muito respeito por você, pois você também segue comigo em meu coração, no lugar que te pertence."

Assim, você pode seguir até onde lhe seja possível, da forma como lhe seja possível neste instante.

Respirando fundo, você retorna lentamente, segura e protegidamente, ao aqui e ao agora, e abre os seus olhos, no seu tempo.

MEDITAÇÃO PARA A RELAÇÃO DE CASAL

Busque um local confortável e privativo, onde não seja interrompido(a). Respire profunda e suavemente, expirando no dobro do tempo da inspiração. À medida que você inspira e expira, você relaxa. Suavemente... Protegidamente... E mergulha dentro de si mesmo.

Então você se vê em sua casa, diante de seu cônjuge. E o olha nos olhos. Talvez neste momento muitos sentimentos contraditórios venham à tona. Talvez você sinta vontade de sair, de não olhar, de fugir. Você pode fazê-lo, caso não dê conta. Você também pode ficar e sustentar o olhar que não só vê, mas que também se deixa ver. Todo olhar é uma troca.

Talvez, então, você possa buscar nos olhos de seu homem ou de sua mulher aquilo que lhe falta, aquilo que lhe complementa. Se assim é, olhe o outro com respeito e veja nele aquilo que o moveu quando vocês se buscaram um ao outro. Lembre-se dos motivos pelos quais você o(a) admira e quais as belezas estão presentes em seu coração. Exercite a admiração. Esqueça as críticas, as queixas, as acusações. Elas não são verdadeiramente importantes. Permita-se encher-se da admiração que talvez já tenha sido esquecida ou substituída pela crítica. Deixe-se encher novamente daquilo que um dia — ou sempre — brilhou diante de seus olhos.

Fique aí, exercitando a admiração, o tempo que necessitar, e veja o que isso promove em você. Se a acusação ou a queixa vier, deixe-a de lado. Diga a ela: "Agora não". Volte a admirar. E sinta os efeitos...

Quando estiver satisfeito(a), respire profundamente e retorne ao aqui e ao agora, seguramente, mantendo na alma a postura exercitada.

10
HONRAI VOSSO PAI E VOSSA MÃE: CAMINHO DE ENCONTRO COM DEUS

> "Honra a teu pai e a tua mãe, para que se prolonguem os teus dias na terra que o Senhor teu Deus te dá."
>
> (Êxodo, 20:12)

Para que o filho encontre êxito na vida e caminhe em direção à plenitude, no cumprimento de sua finalidade existencial, só há uma postura que o ajuda: a gratidão[126]. Muitos filhos acreditam tê-la, mas a expressam apenas de uma forma superficial, sem aprofundamento. Ela permanece nos lábios ou em atitude de respeito convencional. A gratidão que enche o coração e se transforma em uma grande força motriz para o sucesso e para as maiores realizações da alma é aquela que se manifesta plena, ausente de crítica, de julgamentos e de exigências.

Quando o filho permanece em seu lugar de pequeno, coloca-se abaixo dos pais, em atitude respeitosa e reverente, na alma, então fluem para ele toda a força e toda a grandeza dos pais, como uma grande cascata que verte generosa e abundante, carreando em seu seio a força de todos aqueles que vieram antes naquele sistema (os

---

[126] Este capítulo reúne os conhecimentos espíritas aos ofertados pela constelação familiar segundo Bert Hellinger. Para conhecer essa filosofia prática, suas ferramentas e seus efeitos, indicamos os cursos e *workshops* do Instituto Bert Hellinger Brasil Central (www.ibhbc.com.br) e os livros da editora Atman (www.atmaneditora.com.br).

antepassados) e que se apresentam para o filho através dos pais. O fluxo segue livre porque não há obstáculos. No entanto, quando a gratidão é contaminada pela crítica, pela queixa, pela exigência ou pelo julgamento, o filho sai de seu lugar de pequeno e, sem o desejar, conscientemente ou não, coloca-se acima dos pais, como se fosse maior que eles. Então, bloqueia o fluxo da força e da grandeza, assumindo cargas e papéis que não lhe cabem e que se convertem em um grande peso. Isso acontece mesmo quando o filho o faz por amor, desejando o melhor para seus pais. Com essa postura de colocar-se acima deles, como se fosse pais deles ou como se estivesse no mesmo nível, humilha os pais e os diminui em sua grandeza, retirando-lhes a dignidade. O que ocorre é que os pais, quando estão em seu lugar de pais, ficam irritados e insatisfeitos, e colocam limites, de acordo com sua personalidade.

Lembro-me de uma senhora octagenária, viúva, que veio ao consultório depois que sua filha havia se consultado na semana anterior. A filha, solteira, havia dedicado a vida à inversão de ordem, fazendo o papel de esposa do pai, por grande crítica à mãe. Naquele momento, desempenhava também o papel de mãe de sua mãe (lugar de sua avó materna), como se fizesse um grande favor. A mãe, com personalidade mais submissa, não aceitava os desmandos da filha, mas também não tinha coragem de enfrentá-la. Quando veio à consulta, mencionou o atendimento da filha, no qual foi feita a abordagem de sua inversão de ordem. Então, com um grande sorriso, disse: "O senhor consertou a minha vida". A filha se encontrava muito irritada porque havia ouvido o que não esperava e não desejava, dito de forma absolutamente respeitosa, porém, firme, o que havia iniciado um movimento de retorno ao seu lugar naquele sistema, o único onde ela poderia ser verdadeiramente útil com equilíbrio e com eficácia, para a sua felicidade e a de todos.

Quando o filho se coloca acima dos pais, portanto, bloqueia o fluxo da força e a vida não segue com equilíbrio e eficácia, êxito e sucesso. É como se o rio da força e da grandeza dos pais, que deveria cair em cascata sobre o filho, tivesse agora de subir uma montanha. Simplesmente não flui. A fonte continua fonte, cheia, mas o rio deixa de ser rio e se seca, desnutrido. Quão grande preço o filho paga para querer ser grande diante dos pais, sem perceber que sua maior grandeza é dar seguimento ao que eles lhe deram, fazendo de sua vida uma vida de vitórias e realizações da alma.

A verdadeira gratidão conecta o filho à vida e o move em direção de seu destino.

Quando os pais se uniram em um gesto de amor, ou não, deram ao filho algo tão grande, tão infinito, tão gigante — a vida —, que isso os coloca em um lugar de grandeza que nada retira, independente do que venha depois. No entanto, após dar a vida ao filho, segue-se uma história humana, cheia de lutas e conquistas, dores e alegrias, sempre singular para cada Espírito reencarnado que continua sua trajetória definida pela lei de causa e efeito ou pelas escolhas particulares que o situaram nesta ou naquela família por necessidade, por merecimento ou por eleição. Dessa forma, todo filho tem, na vida, os pais que precisa, os mais acertados para si, de acordo com seu planejamento reencarnatório. Nessa trajetória humana, os pais podem dar ou não o necessário, podem abusar de sua autoridade ou negar o seu afeto, por escolha ou por incapacidade de fazê-lo, gerando muitas marcas nos filhos. Tais marcas verdadeiramente atuam na criança e no jovem, que crescem desde o nascimento buscando nos pais o que necessitam, ato que se inicia no momento em que o bebê busca o seio da mãe por instinto, sabedor de que ali está a fonte para suas necessidades.

O filho cresce, portanto, buscando nos pais e esperando deles aquilo de que precisa e, com isso, aprende a requisitar e, muitas vezes, exigir o que quer, atitude que será mais ou menos intensa a depender da educação e do meio cultural em que vive. Requisitando e exigindo, faz uma lista de suas marcas, dificuldades e queixas que, muitas vezes, o afastam dos pais com grande mágoa, como se fora por eles prejudicado, sem se conectar com a força da vida que vibra em si. Embora essas marcas decorrentes das agressões, da possível falta de afeto ou de cuidados, sejam verdadeiras, o adulto não é escravo de suas consequências, pois ele é o efeito do que interpreta de suas vivências, podendo ressignificar a experiência com os pais para uma síntese que o liberte para a fluência da gratidão, livre de críticas, de julgamentos e de mais exigências. Aqueles que não fazem isso, crescem, mas continuam crianças pequenas exigindo o colo da mãe, como desejavam lhes tivesse sido dado, sem acolher a história de vida como pôde ser.

Na relação com os pais, não cabe perdão nem entendimento. Não cabe perdão, pois dizer que precisamos perdoar nossos pais é muita arrogância e prepotência. Significa que estamos listando tudo que faltou para cobrar-lhes, sem agradecer-lhes pelo que nos foi dado — a vida! Ora, em cada célula de nosso corpo há 50% do papai e 50% da mamãe, vibrando harmonicamente 24 horas por dia, 365 dias por ano, durante toda nossa vida. Que preço isso tem? Qual o valor real da vida? Cobrar as possíveis lesões sem agradecer a vida é grande ingratidão. E somos treinados nesse movimento pela cultura capitalista, hedonista, que nos distancia dos valores reais e eternos da vida. Mas, o que acontece é que boa parte das pessoas não ama a vida e nem a oportunidade de estar encarnado, desvalorizando o que foi dado pelos pais. Muitos estão reencarnados compulsoriamente, sem que houvessem desejado, e muitos, mais ainda, não aprenderam a valorizar a grandeza da oportunidade de viver, crescer e realizar o que a encarnação oferece. Então, o perdão aos pais só cabe quando o filho ainda está conectado à superfície, ao ego, cheio de mágoa e rancor que o distanciam da força de sua fonte. Mas, quando o filho se conecta à vida e à sua força, então ele vê que o que foi dado é infinitamente maior do que foi tirado ou negado. Assim, ele se conecta ao real, que o enche.

Ensina *O Evangelho segundo o Espiritismo* que:

> "Alguns pais, é certo, descuram de seus deveres e não são para os filhos o que deviam ser; mas, a Deus é que compete puni-los e não a seus filhos. Não compete a estes censurá-los, porque talvez hajam merecido que aqueles fossem quais se mostram. Se a lei da caridade manda se pague o mal com o bem, se seja indulgente para as imperfeições de outrem, se não diga mal do próximo, se lhe esqueçam e perdoem os agravos, se ame até os inimigos, quão maiores não hão de ser essas obrigações, em se tratando de filhos para com os pais! Devem, pois, os filhos tomar como regra de conduta para com seus pais todos os preceitos de Jesus concernentes ao próximo e ter presente que todo procedimento censurável, com relação aos estranhos, ainda mais censurável se torna relativamente aos pais; e que o que talvez não passe de simples falta, no primeiro caso, pode ser considerado um crime, no segundo, porque, aqui, à falta de caridade se junta a ingratidão."[127]

---

[127] Allan Kardec, *O Evangelho segundo o Espiritismo*, cap. XIV, item 3.

E complementa Emmanuel, comentando sobre as inibições orgânicas congênitas, herdadas, portanto, dos pais que porventura visitem o Espírito na encarnação:

> "Nunca vos levanteis contra as criaturas que vos entreteceram a cela curativa em que vos achais, já que herdastes, psicologicamente, de vós próprios as insuficiências, mutilações, dificuldades e inibições que trazeis do berço em auxílio à solução de vossos problemas e necessidades. Tão importante se faz a tarefa dos vossos genitores, que, nas Leis Divinas doadas ao mundo pelo mandato de Moisés, recomendou o Senhor se inscrevesse o mandamento inesquecível como sendo obrigação para todos os filhos da Humanidade: – *Honrai o vosso pai e a vossa mãe.*"[128]

Também não cabe ao filho o entendimento perfeito na relação com os pais porque ele não está na posse da compreensão plena daquilo que os move. Muitas vezes, somente quando se passa por situações semelhantes (quando se tem filhos ou problemas iguais) é que aquele que veio depois vai valorizar aqueles que vieram antes e compreender suas reais dificuldades e desafios. Mesmo assim, isso acontece palidamente, pois cada um vive as situações da vida com sua singularidade e com o efeito de sua história. Então, o entendimento só é possível de forma parcial com experiências semelhantes, com o relato dos pais sobre o que os moveram (quando eles o sabem...) e com o tempo. Há uma tirinha da personagem Mafalda, do cartunista argentino Quino, que mostra a menina conversando com sua amiguinha, que diz a ela: "Mafalda, os adultos são muito difíceis

---

[128] Francisco Cândido Xavier e Espírito Emmanuel, *Caminhos de volta*. capítulo "Mutilações congênitas".

de se compreender!". Mafalda responde: "Mas se você chega no cinema no meio do filme, você entende o filme?". Então a amiguinha retruca: "Não, porque o filme já havia começado!". Mafalda conclui, sabiamente: "Pois quando nós chegamos, os adultos já tinham começado...". E assim é. Quando o filho aporta a este mundo, muita água passou debaixo da ponte na história de vida daqueles dois intermediários do amor que o receberam na forma de pais. Querer entender plenamente essa história ou dizer o que eles deveriam ter feito ou não, é posicionar-se acima, com arrogância e ingratidão, ainda que esses sentimentos estejam inconscientes.

Se não é possível o perdão e o entendimento, então o que é possível? Aquilo que é o grande ingrediente da gratidão e que move a vida junto dela: a aceitação. Aceitar os pais como são e a vida e o destino como puderam ser, é atitude sábia. A realidade só pode ser modificada a partir da aceitação. E quando ela acontece, tudo o que foi vivido se torna uma grande força, ensina-nos Bert Hellinger.

Quando se olha com aceitação para sua história e para os estágios educativos que a vida lhe ofertou, muitas vezes duros como era preciso, então se descobre uma grande força. Os momentos tristes, doloridos ou desagradáveis que acontecem podem ter dois destinos na vida de cada ser: ou se tornam esgoto, que contamina o solo todo o tempo e que será sempre motivo de queixa e de acusação, ou se convertem em adubo. A matéria-prima é a mesma. O que diferencia o resultado é a postura adotada diante do acontecimento. Então, é importante repetir que, o adulto não é escravo das consequências de seu passado, é autor de sua história, podendo reescrevê-la no presente, ressiginificando os acontecimentos e as circunstâncias. Como já citado nesta obra, afirma Nietzsche: "Não existem fatos, existem interpretações." Muda-se o fato, muda-se a circunstância. Por isso o Espiritismo propõe ao homem uma mudança de olhar e entendimento, crença e valores, e a constelação familiar, segundo Bert Hellinger, oferece elementos de contato vivencial com o essencial para que seja escolhida a postura adequada que leva ao sucesso e à plenitude de vida.

Acusar os pais de algo ou exigir ainda mais deles, quando já se recebeu tanto, faz com que a pessoa se assemelhe a uma árvore que retira a raiz da terra por acusar o solo de ser agressivo, insuficiente, de ser pouco para ela. E, com as raízes expostas, deseja ter uma copa frondosa e verdejante e não entende por que não consegue. Somente quando aceita o solo sagrado onde nasceu como ele é e passa a selecionar o que absorve e que valoriza, é que pode reinxertar-se e passar a beber de novo da seiva que lhe alimentou no tempo em que crescia, sem preocupar-se com a natureza do solo que a nutria. Com as raízes para fora, a árvore queixa de carência e falta em meio à abundância da fonte, por recusar-se a aceitá-la como ela é. E nessa condição, qualquer gota de água que visite a raiz exposta é oásis, mesmo que seja contaminada. Surgem daí as dependências emotivas, afetivas e sexuais e as relações de ciúmes, possessividade e cobranças que se instalam na relação a dois, tornando incompleto o movimento em direção ao outro, na projeção de necessidades básicas ou primais que dizem respeito à relação com os pais, na relação de casal, no emprego ou na profissão. O resultado é o insucesso. Mas, com as raízes bem plantadas no solo, a árvore se alimenta de vida, e cada galho ou cada rama de sua vida pode ser curada na conexão com a força que vem da fonte, de seu sistema, de todos que vieram antes e que se tornam um grande fluxo de vida.

Bem conectado à fonte, o filho pode seguir com êxito para sua felicidade, vivenciando a verdadeira gratidão que é fazer da sua vida um sucesso, no sentido das realizações da alma. Aqueles que virão depois, os filhos ou as obras na vida, é que receberão o efeito e o fruto da gratidão pelos pais.

Ensina-nos Emmanuel:

> "Reconhecendo o débito irresgatável para com teus pais, os benfeitores que te entreteceram no mundo a felicidade do berço, darás aos teus filhos, com a luz do exemplo no dever cumprido, a devida oportunidade para a troca de impressões e de experiências."[129]

E ainda afirma o benfeitor, na exortação da honra aos pioneiros, aos que vieram primeiro na estrada e na escola da vida:

> "Lembra as mãos anônimas que te ergueram o lar, os braços que te embalaram o berço e as vozes amigas que te ensinaram a mover os lábios no idioma do entendimento. Não olvides aqueles que choraram e sofreram, lavrando o solo em que ingeristes a primeira bênção do pão e nem te esqueças de quantos se viram mutilados no trabalho para que o conforto e a higiene te sustentassem o corpo. (...) Consagra na memória um altar de reverência para com aqueles que te doaram os tesouros da educação, a fim de que o aprendizado na Terra se te faça caminho para a Espiritualidade Superior. Usufrutuário do campo em que foste acolhido pela bondade e pela esperança dos que te viram nascer, recolheste deles a experiência que o sofrimento lhes outorgou, reclamando-te também suor e boa vontade no mundo, para que a vida no mundo se faça melhor."[130]

• 129 • Francisco Cândido Xavier e Espírito Emmanuel, *Família*, p. 8.
• 130 • *Idem, Nascer e renascer*, p. 99. Texto intitulado "Diante dos pioneiros".

Frequentemente os filhos tentam agradecer aos pais o que lhes foi dado, ficando grudados neles e fazendo toda sua vontade, sobretudo em famílias simbióticas nas quais os pais estimulam essa dependência ou favorecem a inversão da ordem. Nesse caso, o filho fica de frente para os pais, mas de costas para sua vida, e o resultado é que sua vida não flui. Ser grato e dedicado aos pais não significa viver em função deles ou a serviço exclusivo deles. Após a honra aos pais, que é dada pela gratidão e a aceitação, é necessário que o filho viva, se necessário, a desobediência. Isso quer dizer que ele siga seu caminho sintonizado com aquilo que o move e sustentado na força dos pais, e não em sua personalidade, que possui as limitações de qualquer ser humano. Filho nenhum está no mundo para se escravizar à vontade dos pais, mas para honrá-los em digna e produtiva continuidade de vida, dentro do seu projeto pessoal reencarnatório.

Comenta Emmanuel:

> "Quem encontra a Paternidade Divina, no mundo, respeita as injunções da consangüinidade, mas não se agarra ao cativeiro da parentela. Honra pai e mãe, realmente; todavia, sabe considerar que o amor pode ajudar, fazer, aprender e sublimar-se sem prender-se."[131]

Essa postura de desobediência não significa rebeldia e nem briga ou enfrentamento aos pais, mas conexão com seu próprio destino, vontade e dever existencial, diante dos planejamentos e características da encarnação. Quando assim faz, o filho pode seguir para a construção de sua vida, sem descuidar dos deveres filiais

---

[131] *Idem, Perante Jesus*, cap. 16.

de gratidão e afeto, cuidado e carinho para com os pais, sobretudo quando idosos, sem paralisar-se no amor cego que vive a vida dos pais ou suas vontades, sem conexão consigo mesmo.

Ensinam os Espíritos: "Honrar a seu pai e a sua mãe, não consiste apenas em respeitá-los; é também assisti-los na necessidade; é proporcionar-lhes repouso na velhice; é cercá-los de cuidados como eles fizeram conosco, na infância."[132] Seguindo em frente o filho vai em direção às realizações e seguirá tão longe quanto permitam a sua honra e a conexão com a força dos pais e com a que vem através dos pais. Tão mais longe irá quanto mais reverenciar em seu coração todos aqueles que vieram antes e que compõem o seu sistema, como irmãos, tios, avós, etc, com profundo respeito ao destino de cada um. Assim fazendo, será grande, mas não grande como o mundo vê, na superficialidade das conquistas materiais, mas grande como deve ser, na alma e nas realizações eternas. O destino do fruto da árvore não é ser maior que a árvore de onde se origina, mas enraizar-se no mesmo solo da fonte, germinando e frutificando, no cumprimento de seu destino, tantas vezes mais leve graças aos esforços daqueles que vieram antes. O sucesso de cada um é o sucesso de todos que vieram antes e, muito particularmente, dos seus pais.

Muitos espíritas e espiritualistas de outras denominações buscam um contato íntimo com Deus, guardando o coração fechado para os pais, distante da gratidão e da honra, cheio de crítica, julgamento e exigência. Tal atitude também os faz parecer com uma árvore que deseja fazer fotossíntese absorvendo a luz que vem do alto, do sol, astro rei, sem beber da seiva que verte da terra, absorvida pelas

---

[132] Allan Kardec, *O Evangelho segundo o Espiritismo*, cap. XIV, item 3.

raízes bem fincadas no solo. A fotossíntese simplesmente não se completa, pois o que verte do alto depende igualmente do que é absorvido da terra para se completar o ciclo essencial da fotossíntese.

Diz-nos o benfeitor Dias da Cruz que "os pais são o terreno que nos apresenta Deus, o território". O terreno está contido no território. Os pais são a representação de Deus na Terra para o filho. É através da honra aos pais que verdadeiramente adoramos a Deus. Pretender uma conexão profunda com o Pai sem curvar-se diante da fonte sagrada da vida, nossos genitores, é impossível. A honra ao pai e à mãe é, também e fortemente, a honra ao Senhor da vida. O benfeitor Emmanuel salienta que na encarnação, a vida nos facilita a "construção e reconstrução do próprio destino entregando-nos, de berço em berço, ao carinho de Deus que verte inefável, pelo colo das mães."[133]

Em *O Evangelho segundo o Espiritismo*, Kardec comenta: "O mandamento: 'Honrai a vosso pai e a vossa mãe' é um corolário da lei geral de caridade e de amor ao próximo, visto que não pode amar o seu próximo aquele que não ama a seu pai e a sua mãe...".[134]

E ensina-nos Emmanuel, com sabedoria:

> "Declara o mandamento expresso da Lei Antiga: — 'Honrarás pai e mãe.' — E Jesus, mais tarde em complementação das verdades celestes, afirmou positivo: — 'Eu não vim destruir a Lei'. — Entretanto, no decurso do apostolado divino, o Senhor chega a dizer: — 'Aquele que não renunciar ao seu pai e à sua mãe não é digno de ser meu discípulo.' — Ao primeiro exame surge aparente desarmonia nos textos da lição. Contudo, é preciso encarecer que Jesus não nos endossaria qualquer indiferença para com os benfeitores terrenos que

---

[133] Francisco Cândido Xavier e Espírito Emmanuel, *Livro da esperança*, cap. 8.
[134] Allan Kardec, *O Evangelho segundo o Espiritismo*, cap. XIV, item 3.

nos ofertam a bênção do santuário físico. O Mestre exortava-nos simplesmente a desistir da exigência de sermos por eles lisonjeados ou mesmo comprometidos. Prevenia-nos contra o narcisismo pelo qual, muitas vezes, no mundo, pretendemos converter nossos pais em satélites de nossos pontos de vista. Devemos, sim, renunciar ao egoísmo de guardá-los por escravos de nossos caprichos, no cotidiano, a fim de que lhes possamos dignificar a presença, com a melhor devoção afetiva, perfumada de humildade pura e de carinho incessante. Em tempo algum, pode um filho, por mais generoso, solver para com os pais a dívida de sacrifício e ternura a que se encontra empenhado. A Terra não dispõe de recursos suficientes para resgatar os débitos do berço no qual retornamos em nome do Criador, para a regeneração ou elevação de nossos próprios destinos. Lembra-te ainda do Mestre Incomparável confiando a divina guarda de seus dias ao apóstolo fiel, diante da cruz, e não te creias, em nome do Evangelho, exonerado da obrigação de honrar teus pais humanos, em todos os passos e caminhos do mundo, porque no devotamento incansável dos corações, que nos abrem na Terra as portas da vida, palpita, em verdade, o amor inconcebível do próprio Deus."[135]

Honrar pai e mãe não é uma escolha, é lei!

Kardec, comentando a história do filho que rouba e renega seu próprio pai e as consequências de seu ato, afirma: "Será um Espírito infeliz, porque terá violado a lei que lhe dizia: *Honra teu pai e tua mãe*."[136]

Se observarmos o decálogo de Moisés, no livro de *Êxodo*, veremos que honrar pai e mãe é o único mandamento que vem acompanhado de promessa: "para que tenhais longo tempo na terra que o senhor vosso Deus vos dará". Ele se referia à terra da promissão, tão ansiada pelo povo hebreu que vinha de longos anos de cativeiro no Egito e que ansiava pela liberdade, pelo solo onde pudessem

---

[135] Francisco Cândido Xavier e Espírito Emmanuel, *Família*, p. 89 e 90.
[136] Allan Kardec, *Revista Espírita*, outubro. 1864.

"manar leite e mel"[137] e onde a abundância fosse realidade. Um povo em abundância é um povo produtivo e feliz, quando usufrui de tudo isso com consciência coletiva e do papel de cada um na comunidade. A promessa, pois, do mandamento, pressupõe longo tempo na terra da abundância, da fartura, da realização, da adoração do Deus único e no cultivo das famílias tementes ao Senhor e fortes em Espírito e liberdade de ser. Trata-se, pois, de uma metáfora, de uma alegoria, das que o velho e novo testamento estão cheios, pois possibilita múltiplas interpretações e ampliações ao longo do tempo e das diversas culturas. *Honrar pai e mãe* é o caminho para a abundância das realizações e da plenitude, atitude que é fruto de um coração cheio e conectado. É o caminho para a alegria de viver, para a satisfação profunda e para uma conexão livre e eficaz nas parcerias afetivas, na profissão e na vida.

ÊXITO E SUCESSO

> "Porque Moisés disse: Honra a teu pai e a tua mãe; e quem maldisser, ou o pai ou a mãe, certamente morrerá."
>
> (*Marcos*, 7:10)

"O êxito e o sucesso têm a cara da mãe", afirma sempre Bert Hellinger. Ele, psicoterapeuta renomado e reconhecido internacionalmente, estudou e descortinou as leis que atuam nos relacionamentos. Após anos de estudo e observação de pessoas, casais, empresas e relacionamentos diversos, Hellinger conclui:

• 137 • *Êxodo*, 33:3.

"O que nos torna plenos e nos prepara o sucesso posterior [ao nascimento] na nossa vida e profissão? Quando tomamos a nossa mãe como fonte de nossa vida e tudo aquilo que flui dela para nós. Tomamos a vida como um todo à medida que tomamos a nossa mãe".[138]

Tomar, na linguagem de Bert, significa receber toda a força que flui dela e através dela, assim como o leite flui de seu seio e nos alimenta. *Tomar* é postura ativa de ausência de crítica, de julgamento e de mais exigências. É postura humilde que olha para a fonte, a força, e dela recolhe o essencial. O mesmo movimento e postura valem para o pai. Continua Bert:

"Precisamos nos alegrar com o que a mãe nos presenteia [a vida!]. Através dela ficamos plenos. Mais tarde na vida se revela que quem conseguiu tomar plenamente a sua mãe terá êxito e será feliz. Pois, do mesmo modo que alguém está com sua mãe também está com a sua vida e sua profissão. Quando alguém rejeita sua mãe, rejeita também a vida, seu trabalho e profissão. Dessa forma, a vida o rejeitará na mesma medida e na mesma forma, assim como seu trabalho e profissão".[139]

Essa fala de Bert nos remete, também, à lei de causa e efeito tão estudada no movimento espírita. Cada ser encontra na vida o que semeia ao longo do caminho e, particularmente, o resultado da postura diante da fonte da vida, "porque com a mesma medida com que medirdes também vos medirão a vós" (Lucas, 6:38):

---

[138] Bert Hellinger, *Ordens do sucesso, êxito na vida e na profissão*, p. 12.
[139] *Ibidem*.

"Quando alguém se alegra com sua mãe, também se alegra com sua vida e seu trabalho. À medida que alguém toma a sua mãe totalmente, com tudo aquilo que ela lhe presenteou, tomando isso com amor, a sua vida e seu trabalho o presentearão, na mesma medida, com sucesso. Quem tem reservas em relação à sua mãe, as tem também em relação à vida e à felicidade. Assim como sua mãe se afasta dele como consequência de suas reservas e sua rejeição, assim a vida e o sucesso se afastam dele."[140]

É interessante observar que muitas pessoas justificam a reserva em relação aos pais na análise de sua personalidade e dos efeitos dela, sem se darem conta de que quanto mais criticam, mais repetem os destinos dos pais e se tornam mais parecidos com suas personalidades. *Honrar pai e mãe* não significa amar ou aprovar a personalidade (que não cabe ao filho julgar), com sua dualidade luz e sombra. Significa colocar-se em um nível de respeito e conexão tais que a personalidade deixa de ser importante e a força e a vida que deles proveio e provém se torna fonte absoluta de alegria e encanto, que conduz o filho, como força propulsora, para o seu destino e para o sucesso. *"Onde começa o nosso sucesso?* Começa com nossa mãe. *Como o sucesso chega a nós? Como pode vir?* Quando nossa mãe pode vir a nós e quando nós a honramos como tal".[141]

O êxito é como a floração de uma árvore, aparece como resultado de uma profunda conexão com as raízes que lhe fornecem o essencial. As flores são a expressão da gratidão da árvore à vida e prenunciam o fruto que carrega em si as sementes que irão perpetuá-la.

---

[140] *Ibidem*.
[141] *Ibidem*.

"A floração é sempre um luxo, não uma necessidade. Nenhuma árvore precisa de flores como uma necessidade, as raízes são suficientes. A floração é sempre um luxo. As flores só aparecem quando a árvore tem muito; ela precisa compartilhar."[142]

Assim também acontece com os homens. A honra e a conexão profunda com os pais fornece a força essencial que conduz ao êxito e a uma feliz continuidade na vida, dentro do propósito existencial de cada um.

---

[142] Frase atribuída a Osho.

MÃE – EMMANUEL

"Honrarás pai e mãe" — a Lei determina. Não te esqueças, porém, de que nove meses antes que os outros te vissem a face, a tua presença na Terra era o segredo da vida, entre o devotamento materno e o Mundo Espiritual.

Na juventude ou na madureza, lembrar-te-ás da mulher frágil que, sendo moça, envelheceu, de repente, para que desabrochasses à luz, e, trazendo o ideal da felicidade como sendo uma taça transbordante de sonhos, preferiu trocá-lo por lágrimas de sofrimento, para que tivesses segurança no berço.

Agradecerás a todos os benfeitores do caminho, mas particularmente a ela, que transfigurou em força a própria fraqueza, a fim de preservar-te.

Quando o mundo te aclame a cultura ou o poder, o renome ou a fortuna, recorda aquela que não apenas te assegurou o equilíbrio, ensinando-te a caminhar, mas também atravessou longos meses de vigília, esperando que viesses a pronunciar as palavras primeiras para melhor escravizar-se à execução de teus desejos.

Muitos disseram que ela estava em delírio, cega de amor, que nada via senão a ti, entretanto, compreenderás que ela precisava de uma ternura assim sobre-humana, de modo a esquecer-se e suportar-te as necessidades, até que lhe pudesses dispensar, de todo, o carinho.

Se motivos humanos a distanciam hoje de ti, que isso aconteça tão-só na superfície das circunstâncias, nunca nos domínios da alma, porque através dos fios ocultos do pensamento sentir-lhe-ás os braços sustentando-te as esperanças e abençoando-te as horas.

Nunca ferirás tua mãe. Ainda quando o discernimento te coloque em posição diversa, em matéria de opinião, porque ela se tenha habituado a interpretação diferente do mundo, não lhe dilaceres a confiança com apontamentos intempestivos e espera, com paciência, que o tempo lhe descortine novos horizontes, relativamente à verdade.

"Honrarás pai e mãe" – a Lei determina. Não te esquecerás, porém, de que se teu pai é o companheiro generoso que te descerrou o caminho para a romagem terrestre, tua mãe é o gênio tutelar que te acompanha os passos, em toda a vida, a iluminar-te o coração por dentro, com a bondade e a perseverança da luz de uma estrela."[143]

---

[143] Francisco Cândido Xavier e Espírito Emmanuel, *Mãe - Antologia mediúnica*, parte V. Capítulo "Mãe".

REENCARNAÇÃO E FAMÍLIA

Um dos grandes desafios ao movimento de entrega e tomada da força dos pais é o fato de se reunirem, em um lar, Espíritos com anteriores vivências e experiências, inclusive com alternância de papéis. Aqueles que ontem foram filhos, hoje retornam como pais, ou os que antes experenciaram o papel de esposa ou esposo, hoje retornam como filhas ou filhos. Como o Espírito carrega consigo o registro atávico de suas experiências e frequentemente traz alguma vinculação mais intensa a esta ou àquela encarnação, vê-se, na atual existência, interagindo com seus genitores ou filhos com forte influência do passado, no presente. A isso se soma o efeito das inversões de ordem determinadas pela atitude dos pais ou dos avós e a vinculação a estes, estabelecendo novas e improfícuas formas de relação ou agravando a postura trazida das anteriores experiências.

O fato é que a inversão de papéis que a reencarnação propicia não é só uma forma de equilíbrio no dar e receber, mas também um grande incentivo a novos posicionamentos e experiências que, para serem úteis e positivas, devem estar sempre em sintonia com a atual encarnação.

Para que obtenha sucesso na vida, é preciso estar no aqui e no agora. É no presente que a vida se realiza e nele se encontram, conjugados, passado e futuro, como experiência e esperança. O Espírito só encarna de fato quando aprende a ocupar o lugar que a vida lhe dá na atual existência, passando a usufruir dele com consciência e presença livre. Para isso, cumpre especial papel a amnésia relativa do passado que a lei divina imputa ao Espírito reencarnado, e a infância, como espaço preparador e modelar para o Espírito imortal que ativará sua memória espiritual, tendências e impulsos, mais intensamente, a partir da adolescência e do despertar da glândula pineal (responsável pelo estímulo da sexualidade, da vida mental, da mediunidade e das memórias ancestrais do Espírito). E é exatamente nessa infância, sob as bênçãos da reencarnação, que o Espírito encontra o colo de pai e de mãe, ou sua ausência, a depender dos contextos construídos pelo próprio Espírito e a ele trazidos pela lei de causa e efeito, por sua própria escolha ou determinado pela pedagogia divina.

Independente desse contexto, ganha a vida cheia do amor de seus pais, pois há quem não tenha recebido afeto na infância e ao longo do desenvolvimento, mas não há quem não tenha sido amado. Quando os pais, e muito particularmente a mãe, não abortaram e decidiram levar adiante a gestação, muitas vezes imprevista e com grandes sacrifícios, amaram seu filho sobremaneira. Deram-lhe, então, a grandiosa oportunidade de retornar ao solo sagrado das lutas redentoras que a Terra lhe oferece e que o marcaram, em cada célula, com seu amor.

É belo perceber a grandeza da lei divina que permite ao algoz de ontem ser o benfeitor de hoje, o doador da vida, colocando-lhe em lugar de destaque e honra diante daquele a quem porventura deva algo para suprir-lhe do necessário e do essencial e abastecer a ambos com o amor que cura.

Ao filho, portanto, que se encontra reencarnado, não cabe analisar se os pais lhe são devedores, ou não, do passado espiritual, mas olhar-lhes com gratidão e respeito, cheio de reconhecimento pelo esforço que empreendem diariamente para se superar na dedicação ao lar e à família. Se surgem dificuldades relacionais e naturais rejeições ou repulsas, deve ser dos pais o testemunho de dedicação, vencendo as resistências naturais, e dos filhos o testemunho de gratidão, calando queixas e censuras e abrigando na alma a gratidão que alimenta, na certeza de que tudo está certo e todos estão com quem necessitam, quando necessitam e da forma adequada para seu crescimento, amadurecimento e progresso espiritual.

Muitas vezes as circunstâncias afastam os filhos dos pais, seja pela ausência física destes devido à morte biológica ou pelo afastamento decorrente dos dramas existenciais. Isso não impede o filho de estar plenamente conectado a eles e à sua força. A postura de conexão com a força dos pais não depende de presença física, mas de um posicionamento íntimo humilde do filho que reconhece a dor acarretada pela falta dos pais em seu coração. Isso significa que ele sabe o quanto lhe custa estar apartado dos seus genitores biológicos e desconectado de sua força. Então, o filho pode reconhecer que, independente da distância física, geográfica ou espiritual, os pais estão nele, em cada célula, e pode a eles se conectar não só em si mesmo, mas também aos pais onde quer que estejam, pela ligação não local e pela comunhão do pensamento e do sentimento.

Os filhos adotivos frequentemente são afastados de seus pais biológicos e guardam muita mágoa pelo que julgam ter sido um abandono. Por isso, muitos escolhem não ter nenhum contato com eles para não lidar com a dor da rejeição. Acontece que quando um pai ou uma mãe permitem que um filho vá para a adoção, eles estão pensando no filho e não neles mesmos, na grande maioria das vezes. É por amor ao filho e por preocupação com seu futuro que eles permitem que o filho se vá, com grande sacrifício de seu amor paternal, cujos efeitos carregarão por toda a vida, como frequentemente se observa. O filho adotado passa, então, a amar seus pais adotivos e a votar-lhes gratidão, e quando os genitores adotivos não ensinam a ele o amor e a gratidão livre aos pais biológicos[144], permanece perdido como aquele que busca algo sem saber ou sem encontrar. É que seu coração está permanentemente conectado aos pais biológicos por um amor profundo e reconhecido, ainda que o ego se posicione ferido e magoado. O filho passa frequentemente, então, a repetir o destino de seus pais biológicos, que nem sequer conhece, como prova de amor e conexão. Por outro lado, podem expressar sintomatologicamente a falta dos pais biológicos, como acontece com os filhos que são criados por seus genitores, mas que a eles estão desconectados, no coração.

Como um exemplo de consequência dessa desconexão, temos a dependência de drogas. Por detrás dela, vê-se, frequentemente, por meio das ferramentas da constelação familiar, uma desconexão do pai biológico e a busca por ele, em desespero. Bert Hellinger afirma:

> "Torna-se viciado aquele a quem falta algo. Para ele, o vício é um substituto. Como curamos um vício em nós? Reencontrando aquilo que nos falta. Quem ou o que falta no caso de um vício? Geralmente é o pai. Ninguém é capaz de sentir-se inteiro e completo sem o seu pai."[145]

---

[144] Tal gratidão também deve ser guardada no coração dos pais adotivos, pois se agora podem ser pais é porque os pais biológicos o permitiram e renunciaram ao seu cuidado, não importando as circunstâncias em que a decisão se deu.

[145] Bert Hellinger, *A cura*, Ed. Atman.

Aquele que encontra seu pai, em sua vida e em si, encontra a fonte, apazigua a alma, descansa em sua força. Essa realidade sistêmica não exclui, naturalmente, as influências espirituais e os demais vazios da alma que levam ao uso e à dependência de álcool e drogas, mas revela uma realidade frequentemente não olhada ou desprezada: o impacto da falta dos pais na vida e no coração dos filhos.

Os adotados, então, são duplamente abençoados. Não só têm direito ao amor aos pais biológicos, como também aos pais adotivos, e podem seguir na vida com o coração cheio. Para isso, devem vencer o mito do abandono e lançar um novo olhar para sua história e realidade, compreendendo que tudo está certo como foi e como pôde ser. Devem entender que à luz da reencarnação, as experiências de abandono frequentemente são solicitadas pelo próprio Espírito após existências na egotrofia, para que ele saia de um pólo a outro e retorne ao equilíbrio do centro, onde verdadeiramente é grande sendo pequeno, e encontrando sua real força e poder.

Honrar pai e mãe, pois, é caminho de reconciliação consigo mesmo, com a vida, com Deus. É caminho de paz e serenidade para a alma, que pode aí descansar na conexão que lhe propicia força e vigor e na atividade salutar que lhe conduz ao sucesso e ao êxito na vida, em todos os níveis.

O CASO DE JOÃO

João[146] veio buscar ajuda no consultório para se tratar de um episódio depressivo, por insistência de sua mulher. Administrador bem sucedido, começara a viver uma crise financeira inusitada. Contou-me, então, sua história, e dentre outros aspectos relevantes, informou que não via o pai há 8 anos. Relatou, então, que o pai se separou da mãe, abandonando-a e à família, e foi morar com outra mulher. Ele, como boa parte dos filhos, assumiu as dores da mãe e, cheio de julgamentos com o pai, e cheio de mágoa, afastou-se definitivamente dele. Não pensava mais naquele fato até que começou a se deprimir. Então, fizemos com ele a abordagem apresentada neste capítulo. Lentamente ele observou que não havia em sua vida motivo suficiente para a depressão, mas que lhe custava enormemente ficar apartado do pai. Quando lhe disse que o fato de ter se tornado o homem de sucesso que era até então devia-se graças às dificuldades que o pai lhe proporcionara e que, independente disso, o pai era um grande homem, teve que afrouxar a gravata por súbita falta de ar. Estava viciado e condicionado a sentir-se vítima do pai, e não havia ainda parado para perceber que chegara longe apoiado em sua força e graças à necessidade de lutar pela vida. Não entramos no mérito das responsabilidades do pai, porque isso não é relevante para o contexto terapêutico. Ao filho, compete somente a gratidão, sem críticas, para sua felicidade. O que o ajudava, portanto, era reconhecer o bem indireto que o pai lhe fizera e restituí-lo ao lugar sagrado de honra, de onde nada pudesse retirá-lo.

• 146 •   O nome é fictício, mas a história é verdadeira.

Ele tomara para si as dores da mãe e não percebia que, com isso, retirava a dignidade dela, que dava conta sozinha de sua luta e que interferia na relação homem-mulher, que não lhe dizia respeito. Isso era agravado pelo fato de a mãe fortalecer esse movimento e requisitá-lo no lugar simbólico do marido, o que lhe custou grande preço.

Por ser um conteúdo novo para ele, foram necessárias várias consultas mensais até que ele fosse, lentamente, digerindo essa realidade. Sua situação depressiva foi se agravando, a despeito das medicações homeopáticas iniciais bem indicadas e, posteriormente, das medicações alopáticas utilizadas. A situação financeira complicou por contigências do mercado, ele pensava, agravando sua situação emocional. Então, ele percebeu que seguia o mesmo caminho do pai e que sua história começava a repetir a dele. É que quando o filho critica os pais, frequentemente repete seu destino como prova de amor inconsciente, visto que o vínculo de amor profundo independe da vontade, ele é dado pelo vínculo da vida e, na essência, o filho é sempre infinitamente grato pela vida, ainda quando o ego se encontra ferido, caprichoso e exigente.

Após metabolizar a temática, e percebendo que a despeito de sua vontade não poderia ignorá-la, sensibilizou-se e começou a perceber a falta que o pai lhe fazia na vida e o quão pesado era caminhar desconectado dele. Ele precisava muito de sua força, como todo filho necessita do pai.

Então, resolveu visitar o pai, que morava em outra cidade, a mesma da mãe. Eu o adverti: "Só vá se estiver pronto para ir como filho pequeno, em seu verdadeiro e único lugar". Ele estava pronto. Agendou com o pai, que se alegrou enormemente com sua ligação, já que não o via nem ouvia há 8 anos. Combinaram de se encontrar em um movimentado *shopping center*, na praça de alimentação. Tinha medo de sua reação e queria estar em um lugar público. A esposa o acompanhou para sustentá-lo, mas não participou do encontro. Ao chegar, seu pai, com os olhos marejados, disse-lhe: "Meu filho, me perdoe". Nesse instante, foi interrompido pelo filho que lhe respondeu: "Não, pai, eu não tenho nada a perdoá-lo, o senhor me deu tudo. Sou eu quem lhe peço perdão por tê-lo julgado". Então, ambos choraram, reconciliados, e conversaram por 7 horas diretas, até que o *shopping* fechasse, atualizando os fatos da vida. Ele sentiu que algo muito profundo havia se movido e modificado em seu coração. Estava alegre, leve, contente! No dia seguinte, recebeu três propostas de emprego ao mesmo tempo. Estava desobstaculizado o fluxo da vida. Não precisava mais caminhar na falência de vida (que seu pai tinha experimentado) para honrar ao pai e demonstrar seu amor. Ele percebeu, ainda mais intensamente, o quanto seu pai lhe faltava, não na vida, mas em seu coração, no lugar de honra que era dele.

Então, algo novo surgiu. Um relacionamento cada vez mais forte se estruturou. O pai passou a ligar e a interagir com ele como pai, ofertando-lhe amparo no que necessitava. E ele aceitou, como filho. Uma nova realidade se estabeleceu. Ele foi se afastando da mãe, sem conseguir prosseguir naquele lugar do pai que ocupara e naquela relação simbiótica que o consumia, fruto da inversão de ordem. Claro que a mãe não se agradou com essa mudança, mas ele a sustentou, pois não cortou a relação, apenas voltou para o único lugar no qual podia ser livre e eficaz: o de filho.

Com o passar do tempo, a mãe foi percebendo e retornando também ao seu lugar de mãe. Então, puderam reconstruir a relação, como mãe e filho, com a mesma honra devida ao pai, deixando a ela a sua história, com muito respeito e reverência pela sua força. Quando um membro do sistema volta para o seu lugar, favorece para que todos retornem. Então, estabilizou-se o humor e a vida.

Se ficou plenamente curado a partir disso? Diria que ele estabilizou e aprendeu onde buscar seu alimento afetivo e efetivo na vida, sempre que as crises do caminho evolutivo lhe trouxerem os desafios existenciais necessários. Continua humano, lutando para chegar aonde quer, mas efetivamente no caminho do êxito e do sucesso, pois agora segue com o coração cheio. Maiores vitórias virão no tempo adequado de cada coisa.

> "Tudo tem o seu tempo determinado, e há tempo para todo o propósito debaixo do céu. Há tempo de nascer, e tempo de morrer; tempo de plantar, e tempo de arrancar o que se plantou. Tempo de matar, e tempo de curar; tempo de derrubar, e tempo de edificar. Tempo de chorar, e tempo de rir; tempo de prantear, e tempo de dançar. Tempo de espalhar pedras, e tempo de ajuntar pedras; tempo de abraçar, e tempo de afastar-se de abraçar. Tempo de buscar, e tempo de perder; tempo de guardar, e tempo de lançar fora. Tempo de rasgar, e tempo de coser; tempo de estar calado, e tempo de falar. Tempo de amar, e tempo de odiar; tempo de guerra, e tempo de paz."
> (Eclesiastes, 3:1-8)

"O MEU SUCESSO É O TEU SUCESSO, PAI"

Ana Maria cresceu em uma família numerosa, vendo seu pai e sua mãe lutarem valorosamente pela vida. Como a maioria dos filhos, aprendeu desde cedo a criticar e a exigir, vivendo a dualidade de um amor profundo e uma grande crítica que coexistiam em seu coração.

Tornou-se adulta, mudou-se de cidade, de país, e formou sua própria família, igualmente numerosa para os padrões da atualidade. Em seu coração, mantinha uma crítica silenciosa à mãe, por suas características de personalidade e temperamento. Quanto mais criticava, mais parecida se tornava com ela. Sem perceber, seguia o seu destino e manifestava o seu amor, inconscientemente reproduzindo os padrões maternos. Ficava vinculada à personalidade da mãe em vez de ligar-se à sua força. Um dia, isso se tornou claro para ela e, então, ela pôde alegrar-se com a mãe como ela era e conseguiu beber de sua força para seguir no rumo de seu coração e destino.

Mas, ainda assim, algo faltava. A vida não deslanchava na área profissional e restavam muitos conflitos com o marido. É que, na verdade, sua principal crítica era em relação ao pai, por acreditar que ele não havia obtido o sucesso na vida e que fora um homem fraco e sem êxito por trocar frequentemente de emprego e não ter a estabilidade que ela julgava que ele devia ter tido. Era uma adulta, mas em seu coração permanecia menina, com uma grande exigência, ainda cobrando do pai que houvesse sido aquilo que ela gostaria que ele tivesse sido. Olhava para o destino do pai com desrespeito e não tomava de sua força. O que ela não percebia era que a limitação de sua vida estava diretamente conectada a essa postura.

Os filhos só vão além do destino dos pais, com êxito, estabilidade e sucesso, quando em seu coração se mantêm conectados à fonte, com honra e gratidão, livres de crítica, exigências ou julgamentos. Com essa postura, sentem-se autorizados a ir além dos horizontes conhecidos pelos seus pais, pois percebem que seu êxito não é uma conquista individual, mas o sucesso dos pais e de todos aqueles que vieram antes e o trouxeram até ali.

  Quando Ana Maria olhou para sua vida e para a vida de seus irmãos, e se deu conta da conquista de cada um e o quão longe cada um pôde ir em seus caminhos pessoais, percebeu o tamanho da vitória e da grandeza de seus pais e, particularmente, de seu pai, e reconheceu o quão grande ele era. Então, mudou a postura em seu coração. Passou a olhá-lo não como o homem aparentemente mal sucedido, mas como o homem que os levou longe, junto com a mãe, e que seguia o seu destino o qual não é dado ao filho julgar ou criticar, por se tratar de forças maiores que ali atuam e que estão para além de sua compreensão e capacidade de assimilação. Restou somente a honra. Então, ela pôde olhar para o pai em seu coração e dizer: "Querido papai, me olhe com amor se eu fizer um pouquinho diferente do senhor. Me olhe com amor e, se for possível, me permita ir ainda um pouco mais além em meus caminhos. Em mim o senhor segue e vive. Na tua força e na de mamãe eu sigo para meu destino, com sua bênção. O meu sucesso é o teu sucesso e o de todos que vieram antes".

  Essa postura humilde e de forte conexão com a realidade e com a vida permitiu que ela se conectasse à força dos pais em um nível muito profundo, tornando-se um combustível poderoso para seguir para o sucesso pleno em todas as áreas. Assim, os filhos conseguem passar adiante a grandeza daquilo que receberam dos pais, o que os leva ainda mais longe do que puderam ir seus genitores, como é o dever de cada geração que segue com honra fazendo mais leve a vida daqueles que vieram depois, para que estes sigam para seus destinos com êxito no caminho das realizações da alma.

AMOR DE MÃE: UM CASO DA LITERATURA ESPÍRITA - A HISTÓRIA DE GREGÓRIO

É interessante observar os papéis atribuídos às mães na literatura mediúnica. Não são raros os casos de processos obsessivos complexos ou transtornos emocionais graves que só são resolvidos quando a mãe de um dos integrantes daquele núcleo intervém, fazendo o Espírito endurecido ceder diante da ternura da fonte da vida.

Vemos um caso emblemático no livro *Libertação*[147], no qual André Luiz narra a história que envolve o Espírito "Gregório". Ele, que fora papa em uma experiência encarnatória, encontrava-se completamente afastado de sua essência e da realidade superior da vida, em plena egotrofia e pseudopoder, chefiando um núcleo inquisitorial em região espiritual inferior.

André Luiz, seguindo a Gúbio, seu orientador espiritual, imiscui-se dentre os membros da falange para socorrer a uma jovem, Margarida, a pedido da própria mãe de Gregório. Nesse processo, ele trava contato com o autoproclamado juiz e sua dor, e tem a oportunidade de acompanhar o desenrolar dos fatos.

Assim narra André Luiz um encontro e o diálogo que teve com Gregório:

> "A sala em que fomos recebidos pelo sacerdote Gregório semelhava-se a estranho santuário, cuja luz interior se alimentava de tochas ardentes. Sentado em pequeno trono que lhe singularizava a figura no desagradável ambiente, a exótica personagem rodeava-se de mais de cem entidades em atitude adorativa. Dois áulicos, extravagantemente vestidos, manejavam

---

[147] Francisco Cândido Xavier e Espírito André Luiz, *Libertação*, Ed. Feb.

grandes turíbulos, em cujo bojo se consumiam substâncias perfumadas, de violentas emanações. Trajava ele uma túnica escarlate e nimbava-se de halo pardo-escuro, cujos raios, inquietantes e contundentes, nos feriam a retina. Fixou em nós o olhar percuciente e inquiridor e estendeu-nos a destra, dando-nos a entender que podíamos aproximar. Fortemente empolgado, acompanhei Gúbio. Quem seria Gregório naquele recinto? Um chefe tirânico ou um ídolo vivo, saturado de misterioso poder? Doze criaturas, ladeando-lhe o dourado assento, ajoelhavam-se, humildes, atentas às ordens que lhe emanassem da boca. Com um simples gesto determinou regime sigiloso para a conversação que entabolaria conosco, porque, em alguns segundos, o recinto se esvaziou de quantos dentro dele se achavam, estranhos à nossa presença. Compreendi que cogitaríamos de grave assunto e fitei nosso orientador para copiar-lhe os movimentos. Gúbio, seguido por Elói e por mim, a reduzida distância, acercou-se do anfitrião que o contemplava de fisionomia rude, passando, de minha parte, a espreitar o esforço de nosso Instrutor para contornar os obstáculos do momento, de modo a não classificar-se por mentiroso, à face da própria consciência. Cumprimentou-o Gregório, exibindo fingida complacência, e falou: — Lembra-te de que sou juiz, mandatário do governo forte aqui estabelecido. Não deves, pois, faltar à verdade. — Decorrida pequena pausa, acrescentou: — Em nosso primeiro encontro, enunciaste um nome... — Sim — respondeu Gúbio, sereno —, o de uma benfeitora. — Repete-o! — ordenou o sacerdote, imperativo. — Matilde. — O semblante de Gregório fêz-se sombrio e angustiado. Dir-se-ia recebera naquele instante tremenda punhalada invisível. Dissimulou, no entanto, dura impassibilidade e, com a firmeza de um administrador orgulhoso e torturado, inquiriu: — Que tem de comum comigo semelhante criatura? — Nosso orientador redargüiu, sem afetação: — Asseverou-nos querer-te com desvelado amor materno. — Evidente engano! — aduziu Gregório, ferino — minha mãe separou-se de mim, há alguns séculos. Ao demais, ainda que me interessasse tal reencontro, estamos fundamentalmente divorciados um do outro. Ela serve ao Cordeiro, eu sirvo aos Dragões."[148]

· 148 · Francisco Cândido Xavier e Espírito André Luiz, *Libertação*, cap. 4, p. 56.

Naquele momento, André Luiz se dá conta da angústia que sentia Gregório por estar apartado da mãe e também por contrariar os princípios e valores do seu sistema. Queria ser melhor que a mãe e se enchia de angústia, cada vez mais. Buscava o alimento afetivo, de forma adoecida, em Margarida, a quem obsediava e vampirizava, com a ajuda de sessenta servidores igualmente adoecidos no ódio. Cobrava a desforra do que ela lhe fizera em anterior encarnação, para que ela, desesperada, lhe viesse buscar o afeto e o cuidado após a morte do corpo físico. Adoecido no afeto, buscava o afeto de Margarida pelos caminhos da dor, perversamente. Gúbio tentava intervir, propondo-lhe uma trégua na perseguição, já que ele nem sequer cogitava o perdão, para que eles conseguissem ampará-la, e o faz chamando-lhe à razão e ao afeto justo da conexão com a mãe:

> "Rogar-te-íamos, contudo, adiamento na execução de teus propósitos. Concede à tua devedora um intervalo benéfico, em homenagem aos desvelos de tua mãe e, possivelmente, os dias se encarregarão de modificar este processo doloroso. Demonstrando expressão de surpresa, em face da imprevista solicitação de adiamento, quando, nós mesmos, esperávamos que o orientador se impusesse, reclamando revogação definitiva, Gregório considerou, menos contundente: — Tenho necessidade do alimento psíquico que só a mente de Margarida me pode proporcionar. — Perguntou Gúbio, mais encorajado: — E se reencontrasses o doce reconforto da ternura materna, sustentando-te a alma, até que Margarida te pudesse fornecer, redimida e feliz, o sublimado pão do Espírito? — O sacerdote levantou-se pela primeira vez e clamou: — Não creio..."[149]

---

[149] *Ibidem*, p. 61.

Gregório, então, autorizou a intervenção de Gúbio junto a Margarida e, sem sustar o processo obsessivo, prometeu não atrapalhar. Pouco a pouco o benfeitor espiritual, juntamente com André Luiz, torna-se um membro da equipe junto à enferma. Guiados pelo amor, iniciam o socorro de um por um daqueles enfermos da alma, visitando-lhes o coração e amando-lhes, amparando a eles e aos que eles amam, suas famílias. Quando Gregório percebe o efeito da ação de Gúbio e a intervenção que desarmou a todos, vai pessoalmente cobrar-lhe explicação. Violento, intenta partir para a agressão física. Tão logo empunha as armas, Matilde, sua mãe espiritual, mãe de sua última encarnação, materializa sua voz naquele plano inferior e se faz ouvir. André Luiz narra, então, a comovedora intervenção de Matilde e seu efeito sobre Gregório:

> "– Gregório, não enregeles o coração quando o Senhor te chama, por mil modos, ao trabalho renovador! O teu longo período de dureza e secura está terminado. (...) – O sacerdote transviado, num complexo de espanto, rebelião e amargura, tinha agora o aspecto de uma fera enjaulada. – Acreditas, porventura – prosseguiu a voz materna, adulçorada –, que o amor pode alterar-se no curso do tempo? Supuseste, um dia, que eu te pudesse esquecer? Olvidaste a imantação de nossos destinos? Peregrine minhalma através de mil mundos, suspirarei sempre pela integração de nossos Espíritos. A luz sublime do amor que nos arde nos sentimentos mais profundos pode resplandecer nos precipícios infernais, atraindo para o Senhor aqueles que amamos. Gregório, ressurge! (...) – Por quem és! Anjo ou demônio, aparece e combate! Aceitas meu desafio? – Sim... – respondeu Matilde, com ternura e humildade. – Tua espada? – trovejou Gregório, arquejante. – Vê-la-ás dentro em breve... – Após alguns momentos de ansiosa expectativa, apagou-se a garganta luminosa que brilhava sobre nós, mas leve massa radiante e disforme surgiu, não longe, à nossa vista.

Compreendi que a valorosa emissária se materializaria, ali mesmo, utilizando os fluidos vitais que o nosso orientador lhe forneceria. Júbilo e assombro dominavam a assembléia. Em poucos instantes, erguia-se Matilde, a nosso olhar, de rosto velado por véu de gaze tenuíssima. A túnica alva e luminescente, aliada ao porte esguio e nobre, sob a auréola de safirina luz de que se tocava, traziam à lembrança alguma encantada madona da Idade Média, em repentina aparição. Adiantava-se, digna e calma, na direção do sombrio perseguidor; todavia, Gregório, perturbado e impaciente, atacou-a de longe e empunhou a lâmina em riste, exclamando, resoluto: — Às armas! às armas!... — Matilde estacou, serena e humilde, embora imponente e bela, com a majestade de uma rainha coroada de Sol. Decorridos alguns instantes ligeiros, movimentou-se novamente e, alçando a destra radiosa até ao coração, caminhou para ele, afirmando, em voz doce e terna: — Eu não tenho outra espada, senão a do amor com que sempre te amei! — E de súbito desvelou o semblante vestalino, revelando-lhe a individualidade num dilúvio de intensa luz. Contemplando-lhe, então, a beleza suave e sublime, banhada de lágrimas, e sentindo-lhe as irradiações enternecedoras dos braços que, agora, se lhe abriam, envolventes e acolhedores, Gregório deixou cair a lâmina acerada e de joelhos se prosternou, bradando: — Mãe! Minha mãe! Minha mãe!... — Matilde enlaçou-o e exclamou: — Meu filho! Meu filho! Deus te abençoe! Quero-te mais que nunca! — Verificara-se, ali, naquele abraço, espantoso choque entre a luz e a treva, e a treva não resistiu... Gregório, como que abalado nos refolhos do ser, regressara à fragilidade infantil, em pleno desmaio da força que o sustinha. Finalmente, iniciara sua libertação."[150]

A partir daí, Gregório é entregue aos cuidados de Gúbio para que seguisse para sua reabilitação, pois o passo fundamental já havia sido dado: a conexão com a fonte, com o amor e a força de sua mãe, que o fizera render-se em sua rebeldia e abandonar o pseudopoder

---

[150] *Ibidem*, p. 143 e 144.

da egotrofia para novamente ser criança nos colos daquela que representava Deus em sua vida.

Assim é o amor de mãe e também o amor de pai: suave, persistente, transformador. Cuida e segue o Espírito em sua vida enquanto se fizer necessário, até que o filho, que em essência é de Deus, prossiga em sua trajetória reencarnatória, reinserindo-se no sistema ao qual já pertence, em novo papel em antigo núcleo familiar, ou assumindo parte em novo sistema, de acordo com suas necessidades espirituais.

Independente do sistema ao qual se vincula, o Espírito encontra força e vigor para cumprir seu papel e seu aprendizado na conexão com a força de todos que compõem aquele sistema, mantendo-se bem conectado com o presente e com a realidade como ela é. Então, pode realizar algo de bom, para si e para a vida.

MEDITAÇÃO PARA O AUTOAMOR – II[151]

Respire profunda e suavemente, expirando no dobro do tempo da inspiração. À medida que você inspira e expira, você relaxa. Suavemente. Protegidamente. E mergulha dentro de si mesmo.

Imagine-se diante de seus pais e olhe-os nos olhos, de baixo para cima, como um filho olha a seus pais. Silenciosamente, veja o amor que flui de cada um deles e dos dois em conjunto para você e

- 151 - Você pode gravar essa meditação com voz suave e pausada em seu celular e ouvi-la com um fone ou pedir a outra pessoa que a leia para você, como preferir. Caso prefira, pode acessá-la na voz do autor usando este QRCODE.

permita-se encher desse amor como ele é, sem nenhuma exigência, sem nenhuma crítica. Assim como ele é, ele é perfeito para você e suficiente. Este amor pode ser visualizado como uma cor qualquer. Você pode, então, ver que esta cor vai penetrando todo o seu corpo pelos seus olhos, nariz, boca, e daí seguindo para sua corrente sanguínea até se espalhar completamente pelo seu corpo, até que você fique todo colorido, cheio dela. Sinta o efeito que isto tem em você. Fique aí o tempo que sentir ser necessário até que se sinta preenchido, abastecido o bastante deste amor que é fonte.

Veja, atrás de seus pais, os pais de cada um deles, seus avós, e perceba que você é a ponta de um grande *iceberg*. Em você muitos estão contidos e você caminha na força de cada um deles.

Olhando para o amor de cada um e de todos, você pode sentir que tipo de continuidade você tem sido. Tem cuidado bem do(a) filho(a) de seus pais? Tem se dado toda a atenção, o carinho e o respeito que um(a) filho(a) de seus pais merece?

Então, olhando para o amor profundo de seus pais, e para si como fruto desse amor, você pode comprometer-se consigo mesmo de fazer o melhor por si a partir deste instante, ofertando-se o necessário a cada passo do caminho. E pode se alegrar com isso.

Assim, abastecido(a) e fortalecido(a), você retorna para o aqui e agora, protegidamente.

11
HUMILDADE: CONEXÃO COM O REAL

"Bem-aventurados os mansos e humildes porque eles herdarão a terra."

(Mateus, 5:5)

A **humildade é a virtude** por excelência que conduz à paz, pois ela representa a conexão do Espírito com a essência e a realidade mais profunda da vida. Aquele que compreende a extensão da grandeza divina e perscruta a imensidão das leis que governam o universo, do micro ao macrocosmo, aprende naturalmente a se reconhecer pequeno diante da infinitude da criação. Quanto mais sabe, mais reconhece sua ignorância. Quanto mais ama, mais compassivo se torna. Assim, quanto mais cresce e está em Deus, maior é e menor se sente, sem anular suas potencialidades.

Humildade é húmus, é fertilizante, terra boa, onde nascem e crescem as sementes plantadas pelo Criador. Nela vicejam as possibilidades de realização à serviço da vida, pois quanto mais simples é o ser, em Espírito, melhor instrumento se torna nas mãos dos servidores espirituais do mundo maior, que do mais alto servem à vida.

Quanto mais o Espírito progride em ciência e sentimento, mais olha para o todo e para todos, extinguindo o personalismo e o egocentrismo para se tornar servo útil a serviço da coletividade. E assim fazendo, granjeia afetos e conquistas que lhe engrandecem cada vez mais.

O humilde reconhece seu lugar na vida e o ocupa com simplicidade, sem alarde. Não nega suas possibilidades de realização, pois sabe-se e reconhece-se possuidor de talentos e oportunidades a serem utilizadas para a coletividade. Tampouco se exalta, afirmando-se no pseudopoder da egotrofia que diminui o outro para exaltar a si mesmo. Ensina Emmanuel:

> "A humildade é o ingrediente indefinível e oculto sem o qual o pão da vida amarga invariavelmente na boca. (...) Lembra-te de que a Bondade Celeste colocou a humildade por base de todo o equilíbrio da Natureza. O sábio que honra a ciência ou o direito não prescinde da semente que lhe garante a bênção da mesa. O campo mais belo não dispensa o fio d'água que lhe fecunda o seio em dádivas de verdura. E o próprio Sol, com toda a pompa de seu magnificente esplendor, embora fulcro de criação, converteria o mundo em pavoroso deserto, não fosse a chuva singela que lhe ambienta no solo a força divina."[152]

O desejo de grandeza da egotrofia está diretamente conectado à desnutrição afetiva e à desconexão com a fonte. Aquele que conhece seu lugar de filho, tanto dos pais biológicos quanto de Deus, sabe que a sua grandeza consiste em prosseguir sustentado pela grandeza de outros. Nesse sentido, busca partilhar o que vive, descobre e sente, pela alegria de dividir o que lhe enche os olhos e a alma.

Na busca por realizações que exaltem o ego e brilhem o intelecto, a imagem ou a memória atesta que a conexão com a essência está deficiente e carecendo atenção, cuidado e, sobretudo, mudança de postura. Emmanuel nos ensina:

> "Atitude sumamente perigosa louvar o homem a si mesmo, presumindo desconhecer que se encontra em plano de serviço árduo, dentro do qual lhe compete emitir diariamente testemunhos difíceis. É posição mental não somente ameaçadora, quanto falsa, porque lá vem um momento

---

[152] Francisco Cândido Xavier e Espírito Emmanuel, *Revista Reformador*, jun. 1959, p. 140.

inesperado em que o espinho do coração aparece. (...) Por que assumir posição de mestre infalível, quando não passamos de simples aprendizes? Não será mais justo servir ao Senhor, na mocidade ou na velhice, na abundância ou na escassez, na administração ou na subalternidade, com o espírito de ponderação, observando os nossos pontos vulneráveis, na insuficiência e imperfeição, do que temos sido até agora?"[153]

A soberba leva o homem a supervalorizar a si mesmo e a seus feitos, em atitude de cegueira espiritual que o paralisa.

Aquele que brilha com a herança de todos os que vieram antes sabe que seu sucesso não é seu, mas de todos que tornaram aquele momento possível e mais leve. Reconhece, então, que seu papel é ser continuidade singular, contribuindo na vida com aquilo que a sua posição, o seu saber e a sua visão de mundo lhe permitem.

Quando assim faz, pode se alegrar intimamente em ver o campo verdejante. Não necessita do aplauso enganador, pois sabe que aquele que aplaude reverencia a si mesmo, exaltando no outro o que desejava encontrar, o que inveja ou o que considera correto e adequado em determinada circunstância. Tampouco se deixa mover pelos ataques ignorantes ou malévolos, pois compreende que aquele que denigre algo ou alguém o faz igualmente por inveja, admiração não declarada, sentimento de ameaça diante do que o outro traz, ou fidelidade a um grupo, a uma ideia e movimento, para não perder o pertencimento.

A humildade é postura interior que asserena a alma na conexão do centro.

Assim ensinou Jesus. Era Mestre, porém se fez servo. Era senhor e se fez escravo. Era sábio e silenciou diante da ignorância.

• 153 • *Idem, Pão nosso*, cap. 126.

Jesus é o arquétipo do filho de Deus realizado e demonstra que aquele que está em conexão com a fonte não necessita exaltar-se. As suas obras falam por si. Comenta o benfeitor Emmanuel:

> "Quando Jesus reservou bem-aventuranças aos pobres de espírito, não menosprezava a inteligência, nem categorizava o estudo e a habilidade por resíduos inúteis. O Senhor, aliás, vinha enriquecer a Terra com Espírito e Vida. O Divino Mestre, ante a dominação da iniquidade no mundo, honrava, acima de tudo, a humildade, a disciplina e a tolerância. Louvando os corações sinceros e simples, exaltava Ele os que se empobrecem de ignorância, os que arrojam para longe de si mesmos o manto enganoso da vaidade, os que olvidam o orgulho cristalizado, os que se afastam de caprichos tirânicos, os que se ocultam para que os outros recebam a coroa do estímulo no imediatismo da luta material, os que renunciam à felicidade própria, a fim de que a verdadeira alegria reine entre as criaturas, os que se sacrificam no altar da bondade, cultivando o silêncio e o carinho, a generosidade e a elevação, nos domínios da gentileza fraterna, para que o entendimento e a harmonia dirijam as relações comuns, no santuário doméstico ou na vida social e que se apagam, a fim de que a glória de Jesus e de seus mensageiros fulgure para os homens. Aquele, assim, que souber fazer-se pequenino, embora seja grande pelo conhecimento e pela virtude, convertendo-se em instrumento vivo da Vontade do Senhor, em todos os instantes da jornada redentora, guardando-se pobre de preguiça e egoísmo, de astúcia e maldade, será realmente o detentor das bem-aventuranças Divinas, na Terra e no Reino Celestial, desde agora."[154]

A comunhão humilde com Deus é plena de força, pois ela impulsiona o Espírito para o cumprimento de seus deveres e para a expansão de suas possibilidades. Desse modo, para ele não há limites.

---

[154] Francisco Cândido Xavier e Espírito Emmanuel, *Vida e caminho*, capítulo "Bem-aventurados os pobres de espírito".

A humildade é a virtude que manifesta a conexão com o Pai. Ela anda de mãos dadas com a caridade, com a compaixão e com a misericórdia. O humilde não se move pelo ego; ele se guia pelo coração, pelo afeto.

Aquele que segue no caminho da religião – o *religare*, a reconexão – passa a ser movido pelo sentimento, como vimos acontecer na história de Saulo de Tarso. Convertido e convicto de seu equívoco, buscou o recolhimento do deserto e por dois anos desfez em seu coração os hábitos automatizados do farisaísmo superficial, desconstruindo o ideal de homem de poder político e religioso para o nascimento de um homem novo, humilde e generoso. Enquanto tecia os tapetes que lhe davam ocupação e ganha pão, também tecia nas fibras da alma a sensibilidade e a ternura para acolher os princípios novos do cristianismo, que vinham ampliar o seu entendimento da lei mosaica. Era doutor da lei, mas ali se fez aprendiz de Prisca e Áquila, os cristãos renovados que o acolheram, para ressignificar a sua vida e redirecionar os seus passos.

Saulo, agora Paulo de Tarso, era um amante verdadeiro das leis, e seu coração já trazia impressa a marca da verdade. A arrogância antiga era fruto do fanatismo no farisaísmo e nas tradições da lei, que buscava interpretar à risca, sem a lente da compaixão e da misericórdia que Jesus lhe apresentaria.

Tecendo tapetes, reescreveu a sua vida, a sua interpretação e trajetória, sedimentando na alma o arrependimento pelo rigorismo e a flexibilidade relativa necessária para cumprir seu desiderato de ser a voz que canta a boa-nova aos gentios, os não cristãos. Com o tempo, consolidou suas conquistas a ponto de exortar, conectado, aos novos seguidores do Cristo: "Portanto, como eleitos de Deus, santos e amados, revesti-vos de sentimentos de compaixão, de bondade, humildade, mansidão, longanimidade." (Colossenses, 3:12)

Jesus, sendo o maior de todos, fez-se o menor, ensinando aos seus discípulos e à toda a humanidade a verdadeira grandeza e o verdadeiro espírito cristãos. Interrogado sobre isso, Emmanuel não tardou em exortar a humildade como a maior herança do Mestre:

"*Pergunta: Qual a maior lição que a Humanidade recebeu do Mestre, ao lavar ele os pés dos seus discípulos?*

Resposta: Entregando-se a esse ato, queria o Divino Mestre testemunhar às criaturas humanas a suprema lição da humildade, demonstrando, ainda uma vez, que, na coletividade cristã, o maior para Deus seria sempre aquele que se fizesse o menor de todos."[155]

Diante desse testemunho, e reconhecendo que a natureza animal ainda vigora em nossos corações de filhos pródigos a caminho de casa, silenciamos a queixa, a lamentação, a crítica ou a exigência, para exercitarmos a humildade, repetindo, com Emmanuel:

"Por tudo isso, Senhor, nós, que tantas vezes te negamos acesso às portas da alma, esperamos por ti, nos campos atormentados do coração. Dobra-nos a orgulhosa cerviz, diante da manjedoura em que exemplificas a abnegação e a simplicidade, e, perdoando, ainda, as nossas fraquezas e as nossas mentiras, ensina-nos, de novo, a humildade e o serviço, a concórdia e o perdão, com a melodia sempre nova do teu cântico de esperança: – 'Glória a Deus nas Alturas, paz na Terra e boa-vontade para com os homens!...'".

---

[155] Francisco Cândido Xavier e Espírito Emmanuel, *O consolador*, pergunta 314.

12
O VERDADEIRO TEMPLO, O CORAÇÃO, E A VERDADEIRA ADORAÇÃO – EM ESPÍRITO E VERDADE

> "Por que me chamais Senhor, Senhor, e não fazeis o que eu digo?"
>
> (Lucas, 6:46)

O Evangelho é um roteiro luminoso de conexão com a essência. Jesus era o médico de almas que falava ao coração dos enfermos propondo uma modificação das crenças, dos pensamentos e dos sentimentos, que resultava em uma mudança de perspectiva de vida e, consequentemente, de atitudes e de roteiros existenciais. O Mestre, ao analisar uma história humana, ou ao interagir com um enfermo do corpo ou doente da alma, dirigia-se ao Espírito imortal. Consolava a personalidade, mas logo depois falava ao ser eterno, evocando o despertar das virtudes em seu coração, sensibilizando-o com seu amor contagioso e com suas lições magnas a respeito da vida espiritual.

Não havia em Jesus julgamento moral, pois este é uma algema que limita a expressão dos seres na superficialidade das análises e convenções humanas, de acordo com cada tempo e cada sociedade. Jesus não julgava, Ele amava, e o amor não contempla julgamentos morais. Quando o homem se analisa pela ótica do "certo e do errado" das convenções humanas, guia-se por elementos falíveis, pois aquilo que em uma sociedade é considerado correto ou aceitável não o é em outra. Não é esse o movimento da lei divina. A lei determina que o homem seja ele mesmo na vida, com respeito à sua realidade e à do próximo, fazendo com o outro o que gostaria que lhe fosse feito, como ensinou Jesus.

A análise útil de si mesmo e dos outros, que auxilia o progresso e a harmonia das relações, não é a que julga segundo a moral, e sim a que analisa os atos e circunstâncias não só pelo prisma do direitos de todos, mas, sobretudo, a que indaga se aquela postura e decisão levam o ser e a coletividade ao mais ou ao menos, se acrescentam dignidade aos indivíduos ou se a retira, se os deixam mais íntegros ou mais fragmentados, se promovem união ou separatividade, inclusão ou exclusivismo.

Esse tipo de análise amplia a consciência e, sem julgamentos morais, permite que as decisões se estabeleçam na base do afeto, do compromisso consigo mesmo e com o próximo e com a felicidade geral, que é sempre o resultado de um lugar para tudo e para todos no coração e na vida.

Jesus nos apresentou um caminho de reconexão ao essencial. Sua proposta religiosa não contempla ritos, cultos, hierarquias ou símbolos exteriores que podem distrair o homem de sua essência, pois é uma mensagem direta para a conexão com a alma, onde está o Deus imanente.

As religiões transformaram Jesus em uma personalidade a ser adorada e aceita, mas o Espiritismo apresenta o Mestre como o referencial do caminho, da verdade e da vida. Seu templo de adoração é o da alma, e os seus ensinos constituem um roteiro de conexão com o Pai em si. Comenta Emmanuel:

> "Muitos percorrem templos e altares, procurando Jesus. Mudar de crença religiosa pode ser modificação de caminho, mas pode ser também continuidade de perturbação. Torna-se necessário encontrar o Cristo no

santuário interior. Cristianizar a vida não é imprimir-lhe novas feições exteriores. É reformá-la para o bem no âmbito particular."[156]

O Espírito que caminha para a saúde da reconexão com o Criador, na intimidade, aprende a entrar para dentro de si e a buscar ouvir a voz de Deus no templo do coração. Ele ora em Espírito e em verdade, na manifestação da confiança e da entrega.

Certa feita, questionaram Madre Tereza de Calcutá: "Madre, como tu oras?". A religiosa fiel respondeu: "Eu, quando quero orar, entro para o meu quarto íntimo e, fechando a minha porta, faço silêncio para escutar a Deus". Curiosos com a resposta, perguntaram a ela: "E o que diz Deus, Madre Tereza?'". Então, concluiu a benfeitora dos aflitos: "Ah, quando Deus me vê em silêncio para ouvir a Ele, simplesmente faz silêncio, para ouvir a mim. E de silêncio para silêncio, dizemos tudo que é necessário, porque ali tudo é sabido, tudo é sentido, nada precisa ser dito".

A nobre missionária do amor, humilde por natureza, ouviu a voz do Cristo que exortou os homens no sermão do monte: "Mas tu, quando orares, entra no teu aposento e, fechando a tua porta, ora a teu Pai que está em secreto; e teu Pai, que vê em secreto, te recompensará publicamente" (Mateus, 6:6).

Que necessita ser dito à fonte de todo amor que tudo sabe, tudo vê, tudo provê?

A oração é uma expressão de fé que exercita o homem na conexão com o alto, não para o petitório caprichoso e exigente – sintomas

---

[156] Francisco Cândido Xavier e Espírito Emmanuel, *Caminho, verdade e vida*, cap. 19.

da grande doença que é a desconexão com o Criador –, mas para o louvor, para o agradecimento e para a comunhão.

    A oração sincera e honesta se converte em ação transformadora a serviço do bem. A verdadeira fé age silenciosamente e toca o coração com atos eloquentes de amor e devoção. O fanastismo religioso é uma demonstração psicológica de falta de fé. O fanático tenta convencer a multidão do valor de sua crença e opinião para que arrebanhe adeptos e, no aumento do número de fiéis, fortaleça em si a fé vacilante, isso quando não se destina ao benefício pessoal na exploração da fé alheia.

    A fé robusta está sedimentada na confiança e na entrega ativa e operosa ao Senhor. O crente verdadeiro não se ocupa de convencer ao outro, mas o toca com seu exemplo contagioso.

    Diante do vazio existencial e do permanente sentimento de falta interior, o homem busca preencher-se com adorações exteriores, frequentemente construindo ídolos de barros que lhe substituem o esforço interior. Em vez de buscar individualizar-se e aprender a pensar e chegar às próprias conclusões, procura referenciais exteriores que passa a adorar, na exaltação de uma característica qualquer e na projeção de uma idealização irreal e frágil, que não se sustenta diante dos golpes da existência. Padres, médiuns, pastores, pregadores, escritores e conferencistas são elevados à categoria de referencial como se não fossem humanos, portanto, falíveis, na substituição do esforço interior do autoencontro e da autoreferência sadia.

    Em outras vezes, a adoração se converte em uma exaltação do ego e da supremacia pessoal, por meio das conquistas no campo religioso ou do conhecimento manifesto, como se o brilho e o verniz dessem conteúdo às coisas santas. Comenta Emmanuel:

"Os "primeiros lugares" que o Mestre nos recomendou evitemos, representam ídolos igualmente. Não consagrar, portanto, as coisas da vida e da alma ao culto do imediatismo terrestre é escapar de grosseira posição adorativa."[157]

O movimento espírita não está isento desse fenômeno de produção de ídolos. Frequentemente vemos as pessoas seguindo este ou aquele pensador sem aprenderem a refletir com conhecimento das bases doutrinárias e repelindo quem pense diferente ou se afinize com outro ponto de vista, transformando o Espiritismo filosófico e científico em seita religiosa sectária e limitante. É ainda Emmanuel quem adverte:

"Se nós, os espíritas encarnados e desencarnados, encarcerarmos a própria mente nas hipnoses de adoração a pessoas ou na ilusão de posses materiais passageiras, tombaremos em amargos processos de obsessão mútua, descendo à condição de vampiros uns dos outros, gravitando em torno de interesses sombrios e perdendo a visão dos Planos Superiores."[158]

Continua o benfeitor:

"Aqui e acolá, surgem pruridos de adoração que se faz imprescindível combater. Não mais imagens dos círculos humanos, nem instrumentos físicos supostamente santificados para cerimônias convencionais, mas entidades amigas e médiuns terrenos que a inconsciência alheia vai entronizando, inadvertidamente, no altar frágil de honrarias fantasiosas. É necessário reconhecer que aí temos um perigo sutil, por meio do qual inúmeros trabalhadores têm resvalado para o despenhadeiro da inutilidade. (...) Combatamos os ídolos falsos que ameaçam o Espiritismo Cristão. Utilize cada discípulo os amplos

- 157 - Francisco Cândido Xavier e Espírito Emmanuel, *Caminho, verdade e vida*, cap. 126.
- 158 - *Idem, Livro da esperança*, cap. 77.

recursos da lei de cooperação, atire-se ao esforço próprio com sincero devotamento à tarefa e lembremo-nos todos de que, no apostolado do Mestre divino, o amor e a fidelidade a Deus constituíram o tema central."[159]

Para a sintonia com os planos maiores da vida, ninguém necessita de intermediários ou ídolos. A conexão é pessoal, íntima, intransferível, e será testemunhada no dia a dia das lutas e provas contra a animalidade ancestral e o estabelecimento da espiritualidade real.

Todo ser que caminha para a reconexão com o Criador, em Espírito e verdade, passará fatalmente pela porta estreita do testemunho no terreno do coração, onde consolidarão o valor e a virtude no fogo purificador da vida que separa o joio do trigo na intimidade da alma.

A adoração, pois, ao Senhor, é atitude prática de louvor ativo, redivivo, no campo do afeto e do trabalho. Ensina Emmanuel:

"Para que atinjas a comunhão com o Senhor, não é necessário te consagres ao incenso da adoração, admirando-o ou defendendo-o. Obedece-lhe. Seguindo-lhe as recomendações, aperfeiçoarás a ti mesmo, pela cultura e pelo sentimento, e terás contigo o amor e a lealdade, a harmonia e o discernimento, a energia e a brandura, que garantem a eficiência do serviço a que foste chamado."[160]

"Quando Jesus encontra santuário no coração de um homem, modifica-se-lhe a marcha inteiramente. Não há mais lugar dentro dele para a adoração improdutiva, para a crença sem obras, para a fé inoperante."[161]

---

[159] Idem, *Pão nosso*, cap. 52.
[160] Francisco Cândido Xavier e Espírito Emmanuel, *Revista Reformador*, set. 1955, p. 194.
[161] Idem, *Fonte viva*, cap. 74.

13
A CARIDADE: AMOR EM AÇÃO, MEDICAMENTO UNIVERSAL

> "Fora da caridade não há salvação"
> Allan Kardec[162]

A caridade – amor em ação – é a marca do Espírito reconectado com a fonte divina. Falamos da caridade que representa o bem dispensado de todas as maneiras possíveis, desinteressadamente, a quem seja necessário.

O bem não é uma característica inerente aos santos ou exclusiva dos religiosos. Ele é a linguagem de Deus na vida e a expressão de Seu amor em todos os recantos. É a força que promove o equilíbrio e o progresso de tudo e de todos. Estar em sintonia com o bem é estar em conexão com a utilidade e o benefício geral que se pode promover com qualquer talento, capacidade, recurso ou potencialidade.

A caridade liberta o ser para uma vida plena, em sintonia com a abundância divina, pois o faz olhar o outro como família, irmanado no mesmo Pai, fazendo a ele o que gostaria que fosse feito a si mesmo.

A salvação a que se refere Kardec na abertura de *O Evangelho segundo o Espiritismo* quando afirma que "Fora da caridade não há salvação", pode ser entendida como a libertação do egoísmo, marca da desconexão com o Criador, que promove a ascensão para os planos mais altos da percepção e da sintonia espiritual.

---

[162] Allan Kardec, *O Evangelho segundo o Espiritismo*, frontispício.

A caridade, filha da compaixão, é marca da sensibilidade da alma. É o movimento que faz com que o homem saia da prisão do autoengano, abrindo-se para servir à vida no cumprimento de seu papel existencial. Ninguém está no mundo para ser servido, mas para servir, pois a plenitude é decorrente do amor que flui do ser em direção à vida e não daquele que ele exige venha de fora, sem sintonia com a vida interior. O serviço é a fonte do "viço do ser". Servir é o propósito da existência.

Cada ser serve à vida quando cumpre com o papel que lhe cabe, no lugar onde está colocado, renunciando à exigência, à queixa e à crítica, e abrigando na alma a percepção clara do manancial abundante de força e vida que abastece toda a humanidade, em serviço constante de amor.

Para alcançar essa postura superior e caminhar na reconexão profunda com a fonte, importa encarar o bem como legítimo instrumento de ação, pois ele é a própria força que sustenta o universo.

> "O mal, para ceder terreno, compreende apenas a linguagem do verdadeiro bem; o orgulho, a fim de renunciar aos seus propósitos infelizes, não entende senão a humildade. Sem Espírito fraternal, é impossível quebrar o escuro estilete do egoísmo. É necessário dilatar sempre as reservas de sentimento superior, de modo a avançarmos, vitoriosamente, na senda da ascensão."[163]

· 163 · Francisco Cândido Xavier e Espírito Emmanuel, *Vinha de luz*, cap. 89.

UM LUGAR PARA OS EXCLUÍDOS

> "Mas, quando preparares uma recepção, convida pobres, mutilados, coxos, cegos.
>
> (Lucas, 14:13).

Um movimento especial para a plenitude da alma é dar um lugar de amor aos excluídos no coração. Nos movimentos da vida, no dia a dia, promovemos muitos julgamentos morais e classificações que excluem pessoas, relacionamentos ou partes de nós mesmos que não acolhemos ou não aceitamos. Esse movimento produz fragmentação ao invés de integração, retira a força em lugar de ofertá-la. Há uma lei sistêmica, que em realidade é lei divina, que enuncia que "tudo que tem direito de pertencer, pertence", e quando algo que pertence é excluído, retorna ao sistema como sintoma.

Quando o coração se abre para acolher todos que pertencem à vida de alguém, bem como tudo aquilo que o trouxe até ali, inclusive as dificuldades, dores e desafios, então o coração se enche de uma paz decorrente da aceitação e do amor livre. E a vida pode fluir, para todos.

Jesus tinha um especial carinho pelos excluídos. Amava-os com a dignidade que mereciam e falava-lhes ao coração com a valorização com a qual todo filho de Deus deve ser tratado. Contagiava-os com um amor que lhes mostrava sua singularidade e humanidade, aquela que os fazia igual a todos. Nem melhores, nem piores.

Quando o texto evangélico nos recomenda convidar pobres, mutilados, coxos e cegos, estimula a inclusão de todos aqueles que não são considerados socialmente e que não promovem o *status* social e a vaidade daquele que os convida, antes são promovidos ao *status* de dignidade pessoal que merecem. Esse é um movimento decorrente da conexão com a essência e não com o ego:

> "A caridade, segundo Jesus, não se restringe à esmola, abrange todas as relações em que nos achamos com os nossos semelhantes, sejam eles nossos inferiores, nossos iguais, ou nossos superiores. Ela nos prescreve a indulgência, porque da indulgência precisamos nós mesmos, e nos proíbe que humilhemos os desafortunados, contrariamente ao que se costuma fazer. Apresente-se uma pessoa rica e todas as atenções e deferências lhe são dispensadas. Se for pobre, toda gente como que entende que não precisa preocupar-se com ela. No entanto, quanto mais lastimosa seja a sua posição, tanto maior cuidado devemos pôr em lhe não aumentarmos o infortúnio pela humilhação. O homem verdadeiramente bom procura elevar, aos seus próprios olhos, aquele que lhe é inferior, diminuindo a distância que os separa."[164]

Essa distância é uma distinção ilusória, pois que ela não diferencia senão na aparência e no *status* social. Na essência, todos são iguais e quando a morte revela a vida espiritual, de nada valem o título, a posse e o poder, e sim o afeto e a dignidade pessoal honrada pela vida conectada à essência. Nesse sentido, o homem verdadeiramente grande não é aquele que possui muito, mas aquele que inclui muito e olha o outro como seu igual, nivelado na mesma humanidade composta de luz e sombra, desafios e conquistas.

No entanto, ao estimular a inclusão dos excluídos, o Evangelho não recomenda a exclusão de nada, nem de ninguém. Frequentemente se vê, na interpretação dessa passagem, um

---

[164] Allan Kardec, *O livro dos Espíritos*, questão 886. Comentário de Allan Kardec.

convite à exclusão daqueles mais favorecidos pelas condições sociais ou econômicas. Não vemos assim. O Evangelho é uma narrativa das leis divinas e não um código moral dogmático. Não oferta regras, mas um caminho de paz para o coração em sintonia com o amor em suas múltiplas expressões. E esse amor pede um lugar para tudo e para todos no coração. Todos pertencem, igualmente. O banquete da passagem evangélica é um símbolo arquetípico de celebração e comunhão, onde se reúnem, na intimidade da alma, aqueles que são bem-vindos para a celebração da vida.

Quanto maior a inclusão, mais cheio fica o homem. Mas, essa inclusão representa um espaço de valor e de afeto no coração, e não um espaço artificial de obrigação e insatisfação.

Frequentemente, no afeto mais profundo e oculto, estamos conectados com aqueles que pertencem ao nosso sistema e estão excluídos: parentes problemas ou os que trouxeram ou trazem vergonha à família; os que são desconsiderados por muitos devido a conflitos afetivos; ou os que não tiveram lugar naquele núcleo afetivo. Aí também podem ser incluídos os que foram abortados, espontânea ou intencionalmente; os que morreram cedo ou que se foram da família; e aqueles que não são oficiais (filhos dos pais fora do casamento ou com outros homens ou mulheres). Sempre que há vida em nosso sistema, há vínculo, e todo vínculo é amor que, muitas vezes, permanece oculto por detrás de outros movimentos ou posturas na alma. Quanto maior a inclusão, maior a plenitude.

O julgamento moral exclui sempre, promovendo desconexão. Quando nos atemos aos valores mais que às pessoas, promovemos exclusões que nos custam experiências de repetições e atalhos até voltarmos ao essencial e ao fluxo do amor livre.

BENEVOLÊNCIA, INDULGÊNCIA E PERDÃO

> *"Qual o verdadeiro sentido da palavra caridade, como a entendia Jesus?* Benevolência para com todos, indulgência para as imperfeições dos outros, perdão das ofensas."[165]

Caridade é amor em ação, sintonia com o belo e com o bem. O bem não é uma opção na existência, ele é a expressão da vida e do próprio Deus. É a linguagem do Pai que ordena, sustenta e guia o universo em sua força estuante.

O egoísmo representa um fechamento em si mesmo na busca de uma exclusividade e de um favoritismo que não existem no plano divino. Todos pertencem e todos merecem, independente do lugar que ocupem na escala evolutiva e das posturas que adotem na vida.

O amor de Deus é incondicional e faz "raiar o seu sol sobre maus e bons e derrama chuva sobre justos e injustos" (Mateus, 5:45). Aquele que se sintoniza com o bem flui na alegria de ser útil na medida de suas possibilidades. Quanto mais partilha, mais tem; quanto mais distribui, mais recebe, pois entra na sintonia com a abundância generosa do universo.

A benevolência para com todos é o reconhecimento de que somos família universal e que as barreiras de língua, posição social ou geográfica, étnica ou religiosa, cultural ou sexual, não nos separa verdadeiramente, somente nos diferencia na riqueza da diversidade natural. Aquele que deseja o bem e reconhece sua humanidade falível e perfectível, é naturalmente levado à indulgência para com

---

[165] Allan Kardec, *O livro dos Espíritos*, questão 886.

as imperfeições alheias. Sabe que muito recebe da misericórdia e se faz instrumento dela na vida de seus irmãos.

O Evangelho está repleto de passagens que demonstram a necessidade de equilíbrio diante do que é recebido e do que é ofertado. Estando submetido à misericórdia divina, o homem recebe constantemente, sem críticas e sem exigências por parte da divindade, e intensifica o que lhe é concedido e oportunizado pelo aproveitamento do tempo e das horas na multiplicação do bem para com todos, alcançando o merecimento. Mas, quando se faz juiz e censor da vida alheia, implacável para com aqueles que lhe devem, fecha-se à sintonia com as fontes abundantes da vida maior.

No Evangelho de Mateus encontramos um belo chamado ao equilíbrio quando Jesus nos exorta a sermos compassivos com o próximo como a vida é compassiva para conosco:

> "Por isso o reino dos céus pode comparar-se a um certo rei que quis fazer contas com os seus servos; e, começando a fazer contas, foi-lhe apresentado um que lhe devia dez mil talentos; e, não tendo ele com que pagar, o seu senhor mandou que ele, e sua mulher e seus filhos fossem vendidos, com tudo quanto tinha, para que a dívida se lhe pagasse. Então aquele servo, prostrando-se, o reverenciava, dizendo: "Senhor, sê generoso para comigo, e tudo te pagarei". Então o Senhor daquele servo, movido de íntima compaixão, soltou-o e perdoou-lhe a dívida. Saindo, porém, aquele servo, encontrou um dos seus conservos, que lhe devia cem dinheiros, e, lançando mão dele, sufocava-o, dizendo: "Paga-me o que me deves". Então o seu companheiro, prostrando-se a seus pés, rogava-lhe, dizendo: "Sê generoso para comigo, e tudo te pagarei". Ele, porém, não quis, antes foi encerrá-lo na prisão, até que pagasse a dívida. Vendo, pois, os seus conservos o que acontecia, contristaram-se muito, e foram declarar ao seu senhor tudo o que se passara. Então o seu senhor, chamando-o à sua presença,

disse-lhe: "Servo malvado, perdoei-te toda aquela dívida, porque me suplicaste. Não devias tu, igualmente, ter compaixão do teu companheiro, como eu também tive misericórdia de ti?" E, indignado, o seu senhor o entregou aos atormentadores, até que pagasse tudo o que lhe devia. Assim vos fará, também, meu Pai celestial, se do coração não perdoardes, cada um a seu irmão, as suas ofensas. (Mateus, 18:23-35)

A entrega aos atormentadores, imagem figurada apresentada na passagem acima, não representa castigo nem punição, mas simples e natural lei de sintonia. O trecho nos demonstra que sem compaixão não há canal de sintonia com a misericórdia, e que a lei de justiça se aplica sem o benefício do bem partilhado que exonera as culpas e as responsabilidades pela reparação do mal realizado.

No campo das relações afetivas, da família e do trabalho social ou caritativo realizado nos meios religiosos, muitas vezes somos defrontados com as diferenças que geram conflitos e dissensões. Nesses momentos, a crítica ao outro é intensa e a maledicência substitui a caridade, promovendo exclusões e personalismos.

Quando alguém critica o outro está falando mais de si mesmo que dele e projetando suas dificuldades pessoais ou sua intolerância no comportamento alheio. É mais fácil apedrejar o espelho que encará-lo com amorosidade, dando um lugar no coração para as diferenças e para as incoerências que há em todo ser humano.

Aquele que é compassivo olha com indulgência para o próximo, pois o enxerga a partir do centramento pessoal que o conecta à essência e sabe que todos se igualam no esforço da luta pela autossuperação, com incongruências e conquistas. Acolhendo a própria sombra, acolhe também a do próximo, olhando-a com ternura e silêncio respeitoso.

A crítica raivosa e reiterada ao comportamento alheio denuncia a necessidade de projeção pessoal e individual, decorrente da carência afetiva. Muitas pessoas que não se sentem valorizadas ou que não alcançaram respeito social em suas vidas de homens e mulheres comuns buscam prestígio nos postos de poder das instituições religiosas ou Organizações Não Governamentais (ONGs), desejando controlar vidas e trabalhos como se fossem possuidores de uma visão ou missão especial à qual não podem se furtar. Quando assim é, passam por cima das pessoas para afirmar o pseudopoder e criam inimizades e desavenças pela incapacidade de respeitar a diferença e o valor do outro. Suas armas são a maledicência, a calúnia e a intriga, quando não podem francamente excluir e humilhar aqueles que discordam de suas opiniões ou tomam iniciativas sem lhes consultar.

O verdadeiro valor do homem não está nos cargos que ocupa ou no destaque que alcança diante de uma tarefa ou realização, mas na paz íntima e na alegria de viver que atestam a sintonia com a essência, com sua destinação existencial e encarnatória. O campo do trabalho das instituições caritativas não é espaço para brilho pessoal, mas para a exaltação do bem na dignificação de todos.

Nas relações afetivas e no trabalho do bem, o perdão constitui elemento essencial para a concórdia e para a união, e é manifestação grandiosa da caridade. Não aquele suposto perdão que faz soar trombetas e humilha aquele que é perdoado, mas o verdadeiro movimento do coração que olha o outro com humanidade e ternura.

A relação vítima-algoz é um jogo de poder que exalta aquele que se sente vítima e rebaixa aquele que está algoz. Mas, à luz da lei de causa e efeito, ou da reencarnação, quem poderá dizer-se verdadeira vítima ou exclusivo algoz? Esses papéis frequentemente se invertem e perpetuam ciclos de auto e heteroagressão, que somente se finalizam quando cada um dos envolvidos olha o outro com humanidade, dando-lhe um lugar de amor no coração. Então, a reconciliação pode ser restabelecida.

FÉ E CARIDADE

A fé é a entrega da alma à guiança divina, em si mesmo e ao seu redor. Quando o Espírito se abre para a sintonia com o bem e se permite ser conduzido ao que deve realizar na vida, a existência se converte em uma sucessão infindável de surpresas e pequenas orientações e direcionamentos que encaminham cada um para as realizações que lhe competem como dever e aos caminhos do coração.

Fé significa entrega e confiança plena na sabedoria divina, no amor incondicional de Deus e na ordem maior que conduz o universo como expressão da inteligência suprema e causa primeira de todas as coisas. Tudo está certo como está na vida de cada um, ainda que pelos caminhos dos equívocos e das repetições. O erro também é oportunidade e experiência que atesta os limites de cada um e suas necessidades de compreensão ou despertar do sentimento. A fé, na realidade luminosa de todo ser humano, promove confiança de que todos serão capazes de superar a si mesmos, renovando-se e à sociedade, com o amparo do alto que não falta a ninguém.

Para que o trabalho da caridade seja efetivo e útil, é essencial que a piedade, a que chamamos vulgarmente de dó, seja substituída pela compaixão, com afirmação do valor e da força daquele que é auxiliado ou amparado. Todo ser humano é digno e capaz de se autossuperar e de assumir seu destino com aproveitamento da oportunidade. A caridade que enobrece é aquela que liberta o ser da opressão e da dependência, promovendo o engrandecimento pessoal, o despertar dos potenciais anímicos e a capacitação para a vida, em todos os níveis. E isso começa pela fé na presença divina em cada ser humano e na condução amorosa do Pai a cada destino.

> "Fé sem caridade é lâmpada sem reservatório de força. Caridade sem fé representa a usina sem lâmpada. Quem confia em Deus e não ajuda aos semelhantes, recolhe-se na contemplação improdutiva, à maneira de peça valiosa, mumificada em museu brilhante. Quem pretende ajudar ao próximo, sem confiança em Deus, condena-se à secura, perdendo o contato com o suprimento da energia divina. A fé constitui nosso patrimônio íntimo de bênçãos. A caridade é o canal que as espalha, enriquecendo-nos o caminho. Uma nos confere visão; a outra nos intensifica o crescimento espiritual para a Eternidade. Sem a primeira, caminharíamos nas sombras. Sem a segunda, permaneceríamos relegados ao poço escuro do nosso egoísmo destruidor. Jesus foi o protótipo da fé, quando afirmou: — 'Eu e meu Pai somos um'. E o nosso Divino Mestre foi ainda o paradigma da caridade quando nos ensinou: — 'Amai-vos uns aos outros como eu vos amei'. Desse modo, se somos efetivamente os aprendizes do Evangelho Redivivo, unamos o ideal superior e a ação edificante, em nossos sentimentos e atos de cada dia, e busquemos fundir numa só luz renovadora a fé e a caridade, em nossos corações, desde hoje."[166]

- 166 - Francisco Cândido Xavier e Espírito Emmanuel, *Revista Reformador*, dez. 1954, p. 273.

14
CONCLUSÃO – A CURA REAL: "EU E O PAI SOMOS UM"

> "E, levantando-se, foi para seu pai; e, quando ainda estava longe, seu pai o viu, e se moveu de íntima compaixão e, correndo, lançou-se-lhe ao pescoço e o beijou [repetidamente]."
>
> (Lucas, 15:20)

Tudo no universo caminha para a reconciliação e para a síntese no amor.

A lei divina conduz o Espírito de forma ordenada e harmoniosa desde o instante primeiro até o cumprimento de sua finalidade maior: a integração com o Pai para o cumprimento de seu papel cocriador.

Essa integração não acontece de repente, ela é fruto de um longo processo de entrega e conexão até que se torna plena, cheia, frutífera. Ela se inicia no instante da decisão do Espírito pela não rebeldia, pela aceitação da vida e da lei como ela é. Nesse momento, cessam as queixas e as reclamações, e abre-se um espaço na alma para a contemplação, a meditação, a intuição e a criatividade. Delas fluem as inspirações de sabedoria que orientam o ser em cada etapa de sua vida.

Toda criatura está rodeada por seres que a amam profundamente e que do mais alto a vigiam e orientam seus passos para que a vida siga no rumo das necessidades espirituais. Igualmente, há sempre amor no contexto em que o ser está reencarnado, mesmo que entre lutas, provas e dificuldades educativas ou redentoras variadas. A vida é sempre um espaço de amor rico e fecundo. Quando a criatura se abre para a percepção desse espaço de amor, então se enche do essencial e da força que necessita para seguir no rumo do cumprimento de seus deveres.

Muitas vezes, a dor e o sofrimento, como experiências pedagógicas, vêm em socorro do Espírito rebelado, seja por reação natural às suas ações ou semeaduras, seja por determinação da lei, para levar-lhe ao movimento interno de decisão de retorno a casa do Pai, à sua dignidade essencial de filho de Deus. Comenta Emmanuel:

> "Somos de Deus não nos é fácil desvencilharmos dos laços que nos imantam aos círculos menos elevados da vida, aos quais ainda pertencemos. Apesar de nossa origem divina, mil obstáculos nos prendem à ideia de separação da Paternidade celeste. Cega-nos o orgulho para a universalidade da vida. O egoísmo encarcera-nos o coração. A vaidade ergue-nos falso trono de favoritismo indébito, buscando afastar-nos da realidade. A ambição inferior precipita-nos em abismos de fantasia destruidora. A revolta forma tempestades de ódio sobre as nossas cabeças. A ansiedade fere-nos o ser. E julgamos, nesses velhos conflitos do sentimento, que pertencemos ao corpo físico, ao preconceito multissecular e à convenção humana, quando todo o patrimônio material que nos circunda representa empréstimo de forças e possibilidades para descobrirmos nós mesmos, enriquecendo o próprio valor. Na maioria das vezes, demoramo-nos no sombrio cárcere da separação, distraídos, enganados, cegos... Contudo, a vida continua, segura e forte, semeando luz e oportunidade para que não nos faltem os frutos da experiência. Pouco a pouco, o trabalho e a dor, a enfermidade e a morte, compelem-nos a reconsiderar os caminhos percorridos, impelindo-nos a mente para zonas mais altas. Não desprezes, pois, esses admiráveis companheiros da jornada humana, porquanto, quase sempre, em companhia deles é que chegamos a compreender que somos de Deus."[167]

· 167 · Francisco Cândido Xavier e Espírito Emmanuel, *Vinha de luz,* cap. 84.

O sofrimento ocupa o espaço das ausências do autoamor e do amor ao próximo. No entanto, ele não é finalidade, senão reação ou instrumento de sensibilização, e só permanece o tempo certo da renovação das crenças, costumes e hábitos.

A plenitude vem da integração no amor possível a cada momento do processo evolutivo. Ela não se constitui como um estado permanente de beatitude ou de perfeição idealizada em que não existem mais tormentas ou instabilidade. Longe disso. A plenitude é um estado de presença e de inteireza decorrente da conexão profunda consigo mesmo e com a vida como ela é, de acordo com a realidade evolutiva de cada um.

Paulo de Tarso é um símbolo arquetípico da renovação espiritual, da entrega e da reconexão com o Pai. Enquanto Saulo, jovem doutor da lei mosaica, vivia de forma intensa sua fidelidade às letras da lei e o que o movia era o sentimento de pertencimento àquele grupo que preconizava o rigor dos hábitos e costumes farisaicos. No entanto, tão logo a luz de Cristo visitou sua alma, cegando-lhe os olhos, isso permitiu com que ele olhasse para dentro, para o espaço de amor que o habitava. Jesus o envia, então, à procura de sua vítima, daquele a quem perseguia, para que este o curasse da cegueira física e lhe retirasse dos olhos a escama do preconceito, do rigorismo e da desconexão. Vítima e algoz se tornaram unidos e reconciliados no amor pleno.

Saulo vivencia um choque tão intenso de realidade que delibera afastar-se do seu meio para estabelecer um novo modo de vida. Vai viver no deserto, junto de Áquila e Prisca, por dois anos, tecendo para ganhar o pão de cada dia e meditando nas letras vivas do Evangelho. É o espaço da construção de um novo tempo em sua alma, o tempo do renascimento, da reconexão.

Se usarmos a metáfora da parábola do filho pródigo, podemos dizer que Saulo, quando encontra a luz do Cristo, vivia "comendo com os porcos", na falta do essencial, na ilusão do poder. Quando vive no deserto, prepara-se para retornar à casa do Pai. E como todo processo de retorno, ele haveria de encontrar, ao longo do caminho, o efeito natural daquilo que semeou, e precisaria sofrer, nos anos que se seguiram, a perseguição dos seus antigos pares, que continuavam fiéis ao rigorismo da letra e às ilusões do poder e do prazer.

A tudo ele enfrentou com coragem, com a guiança do coração. Movia-lhe a fé nova e firme, que em verdade era a mesma fé de seus pais e antepassados, agora ampliada pela boa-nova que vinha dar prosseguimento à revelação natural. Essa boa-nova o levou a um caminho de fidelidade, a um amor maior no qual tudo e todos tinham um lugar, a ponto de se imolarem em sacrifício em nome do testemunho da mensagem redentora que lhes vibrava no mais profundo recanto do coração.

Reconectado e na plenitude do amor possível, em meio às lutas, ele escreve: " Já não sou mais eu quem vive, mas Cristo é quem vive em mim. E a vida que agora vivo na carne, vivo-a pela fé no filho de Deus" (Gálatas, 2:20).

Ele estava na plena sintonia com aquele que o comandava e que o tomava a serviço da vida, com sua plena aceitação e anuência. Mais tarde, ele complementa: "Combati o bom combate, acabei a carreira, guardei a fé" (2 Timóteo, 4:7), e sugere a quem o lê, em sua carta a Timóteo: "Mas tu, sê sóbrio em tudo, sofre as aflições, faze a obra de um evangelista, cumpre o teu ministério" (2 Timóteo, 4:5).

Essa é uma justa e sábia recomendação de Paulo para o caminho de reconexão com o Pai. Suportar as aflições da jornada evolutiva e das próprias contradições humanas para seguir no caminho das realizações que nos competem só é possível a partir de uma conexão profunda com a alma e com a vida, como ele testemunhou. Que é a fé senão a entrega a uma guiança maior que atua no próprio homem, ativando-lhe as potencialidades? Que é a força senão um movimento de conexão que liberta o fluxo e o movimento retidos em gérmen, em nós e através de nós?

A reconexão com o Pai é pois, gradual e sequencial. Ela se realiza como um processo e não somente como um instante, mas como movimento. Não se executa quando os lábios aprendem a dizer algo sobre ela, mas quando o coração a libera para o fluxo livre da vida que conduz ao sucesso, à plenitude possível. E esse movimento é sempre pacífico, inclusivo, acolhedor de si mesmo e da vida.

A reconexão profunda com o Pai se inicia no instante em que nos conectamos, com gratidão livre, aos pais que a vida nos deu e ao seu amor e força, como ela é, sem exigências, sem julgamentos, sem críticas. Dessa conexão nasce um movimento que nos leva ao êxito quando ela se perpetua nos caminhos da execução do planejamento encarnatório. Dessa conexão nasce a força para o autoamor. Afinal, só se pode amar verdadeiramente quem ama a continuidade de seus pais em si. Muitas vezes a falta de autoamor é uma acusação aos pais e ao que eles fizeram. Quando desistimos de acusá-los e passamos a honrá-los, o coração se enche de um respeito por si mesmo e de um amor pelo filho(a) dos nossos pais, com gratidão. Então, só se aceita o melhor para si.

Ser um com o Pai é estar em sintonia com o *self*, com a essência, no cumprimento não só daquilo que é o dever existencial, mas sobretudo no despertar da riqueza singular do filho de Deus que se é. Isso significa que a cada instante da vida o ser conectado busca ser útil, amável, caridoso, no limite de suas potencialidades.

Aquele que está conectado ao Pai vibra o bem e é amável, respeitoso e misericordioso consigo mesmo e, sobretudo, com o próximo. Em seus lábios encontramos sempre uma palavra de esperança, e em seu coração, o sentimento da compaixão. Sabe-se humano e, portanto, olha com amor para a humanidade do outro. Sabe-se imperfeito e acolhe as imperfeiçoes humanas. Vive tudo isso com a consciência da impermanência da vida, que tudo modifica, e com a clareza de suas contradições e inconstâncias, fruto do que ainda não foi amado, acolhido e desenvolvido em si. Busca, pois, a estabilidade do centro, da conexão com o essencial, para onde volta, resiliente, sempre que os movimentos agitados do mar da vida o tiram do eixo do real.

E nesse movimento, aprofundado a cada experiência e a cada viagem para dentro de si mesmo, ou para um novo corpo, na reencarnação, vai, pouco a pouco, encontrando Deus em si e louvando a grandeza do Pai na criatura, na conexão plena do amor livre que produz para a eternidade.

A marca da reconexão é o serviço. Aquele que está reconectado se torna um servidor da vida, independente do credo ou da existência de um credo. Não se contenta em louvar por palavras, pois o coração exige o louvor da ação. Torna-se um transformador do mundo em que vive: sua família, seu trabalho, sua sociedade, seu tempo. Bem afirmou Paulo de Tarso, comentando sobre o espírito cristão: "Assim que, se alguém está em Cristo, nova criatura é; as coisas velhas já passaram; eis que tudo se fez novo."

O cristão é vaso novo, renovado em Espírito e verdade para a sintonia com a lei de Deus. Jesus foi o arquétipo do Espírito redimido, integrado no Pai. Afirmava sempre, com propriedade:

"Eu e o Pai somos um" (João, 10:30).

"Porque eu vim, não para fazer a minha vontade, mas a vontade daquele que me enviou. E a vontade do Pai que me enviou é esta: Que nenhum de todos aqueles que me deu se perca" (João, 6:38-39).

"A minha comida é fazer a vontade daquele que me enviou, e realizar a sua obra" (João, 4:34).

Jesus estava em plena sintonia com o Pai e não havia distância entre sua vontade e a vontade do Senhor. Este é o movimento a que estamos destinados e que se constrói gradualmente nos caminhos evolutivos. Não se trata de uma escolha, é um destino. O que elegemos é a velocidade e o tempo desse encontro ao qual estamos destinados. Paulo asseverou com sabedoria:

"E tudo isto provém de Deus, que nos reconciliou consigo mesmo por Jesus Cristo, e nos deu o ministério da reconciliação; isto é, Deus estava em Cristo reconciliando consigo o mundo, não lhes imputando os seus pecados; e pôs em nós a palavra da reconciliação. De sorte que somos embaixadores da parte de Cristo, como se Deus por nós rogasse. Rogamo-vos, pois, da parte de Cristo, que vos reconcilieis com Deus" (2 Coríntios, 5:17-20).

Jesus, responsável pela evolução dos Espíritos na Terra, é a marca do amor de Deus a sustentar e a guiar seus filhos nos caminhos da evolução espiritual. Ele é a força espiritual que nos sustenta e nos leva adiante, velando por nós como um irmão amoroso e experiente que nos conduz à reconciliação com o Pai.

Trilhamos todos esse caminho de retorno, caindo, levantando, recomeçando, aprendendo, crescendo. Sempre enriquecidos, sempre acrescidos de algo, sempre mergulhados no infinito e incondicional amor maior... e assim seguimos.

Ao encerrar esta obra, que não finaliza nem esgota o assunto, antes o pincela nas características que nos foram possíveis dentro de nossa enorme limitação, e reconhecendo que partilhamos esse sonho de reconciliação com a esperança de tempos mais felizes na integração com o Pai, só nos resta dizer: *Boa jornada de volta à casa do Pai! Ele nos espera de braços abertos!*

RECONCILIAÇÃO:
CONSIGO MESMO, COM A FAMÍLIA, COM DEUS

© 2015–2024 *by* Ame Editora
órgão editorial da Associação Médico-Espírita de Minas Gerais

DIRETOR EDITORIAL
Andrei Moreira

CONSELHO EDITORIAL
Andrei Moreira,
Grazielle Serpa,
Roberto Lúcio Vieira de Souza

DIRETOR GERAL
Ricardo Pinfildi

DIRETOR EDITORIAL
Ary Dourado

ASSISTENTE EDITORIAL
Thiago Barbosa

CONSELHO EDITORIAL
Ary Dourado, Ricardo Pinfildi,
Rubens Silvestre
Thiago Barbosa

DIREITOS AUTORAIS
Associação Médico-Espírita de Minas Gerais
Rua Conselheiro Joaquim Caetano, 1162 – Nova Granada
30431-320 Belo Horizonte MG
31 3332 5293 www.amemg.com.br
[o autor cedeu integralmente os direitos autorais à AMEMG
para manutenção de suas atividades assistenciais]

DIREITOS DE EDIÇÃO
Editora Infinda [Organizações Candeia Ltda.]
CNPJ 03 784 317/0001–54 IE 260 136 150 118
Rua Minas Gerais, 1520 Vila Rodrigues
15 801–280 Catanduva SP
17 3524 9801 www.infinda.com

DADOS INTERNACIONAIS DE CATALOGAÇÃO NA PUBLICAÇÃO
[CIP BRASIL]

MOREIRA, Andrei [*1979]
 Reconciliação: consigo mesmo, com a família, com Deus.
Catanduva, SP: Infinda, 2024.

 272 pp. ; 15,7 × 22,5 × 1,5 cm ; il.

978-85-92968-15-1

1. Espiritismo   2. Evangelho   3. Homeopatia   4. Constelação Familiar
5. Vida e prática cristãs   6. Reflexões
I. Moreira, Andrei   II. Título

CDD 133.9

ÍNDICE PARA CATÁLOGO SISTEMÁTICO
1. Espiritismo   133.9
2. Vida e práticas cristãs : Reflexões   248.4

EDIÇÕES
Ame
1ª edição, 1ª tiragem, Jun/2015, 2 mil exs.
1ª edição, 2ª tiragem, Ago/2016, 2 mil exs.
1ª edição, 3ª tiragem, Ago/2017, 2 mil exs.
1ª edição, 4ª tiragem, Set/2019, 1 mil exs.
1ª edição, 5ª tiragem, Out/2020, 1 mil exs.

Infinda
1ª edição, 1ª tiragem, Set/2024, 1,5 mil exs.

Impresso no Brasil   *Printed in Brazil*   Presita en Brazilo

Colofão

TÍTULO
Reconciliação: consigo mesmo, com a família, com Deus

AUTORIA
Andrei Moreira

EDIÇÃO
1ª edição

EDITORA
Infinda [Catanduva SP]

ISBN
978-85-92968-15-1

PÁGINAS
272

TAMANHO MIOLO
15,5 x 22,5 cm

TAMANHO CAPA
15,7 x 22,5 x 1,5 cm [orelhas 9 cm]

CAPA E PROJETO GRÁFICO ORIGINAL
Leonardo Ferreira | Kartuno
Rodrigo Guimarães | Kartuno

REVISÃO
Elza Silveira

**CAPA ADAPTADA
PROJETO GRÁFICO & DIAGRAMAÇÃO**
André Stenico

TIPOGRAFIA CAPA
Adagio Slab

TIPOGRAFIA TEXTO PRINCIPAL
Filosofia Grand 12/18 pt

TIPOGRAFIA AUXILIAR E TÍTULOS
Anagram NF

MANCHA
103,3 x163,5 mm 31 linhas
[sem fólio]

MARGENS
17,2 : 25 : 34,4 : 37,5 mm
[interna:superior:externa:inferior]

COMPOSIÇÃO
Adobe InDesign CC 18.2.1 x64 [Windows 10]

 ameeditora.com.br

 ameeditora

 ameeditora

 infinda.com

 infinda

 infindaeditora

PAPEL MIOLO
ofsete Sylvamo Chambril Book 75 g/m²

PAPEL CAPA
cartão Ningbo Fold C1S 250 g/m²

CORES MIOLO
1 x 1 cor: PRETO

CORES CAPA
4×0 cores: CMYK

TINTA MIOLO
ACTEGA Premiata

TINTA CAPA
ACTEGA Premiata

PRÉ-IMPRESSÃO CTP
SCREEN PlateRite 8300S

PROVAS MIOLO
Epson Stylus Pro 9880

PROVAS CAPA
Epson Stylus Pro 4880

IMPRESSÃO
processo ofsete

IMPRESSÃO MIOLO
Man Roland Rekord

IMPRESSÃO CAPA
Man Roland 704

ACABAMENTO MIOLO
cadernos de 32 pp. e 16 pp.,
costurados e colados

ACABAMENTO CAPA
brochura com orelhas,
laminação BOPP fosco,
verniz UV brilho com reserva

PRÉ-IMPRESSOR E IMPRESSOR
Rettec Artes Gráficas
[São Paulo, SP]

TIRAGEM
1,5 mil exemplares

TIRAGEM ACUMULADA
9,5 mil exemplares

PRODUÇÃO
Setembro de 2024

 andreimoreira.com

 andreimoreira1

 andreimoreira

 Andrei Moreira